扫码听音频

给孩子的 **小古文** 100课

上册

李凌光 主编

中国出版集团
中译出版社

图书在版编目（CIP）数据

给孩子的小古文 100 课 : 全 2 册 / 李凌光主编 . --
北京 : 中译出版社, 2021.7
（文学小口袋）
ISBN 978-7-5001-6668-9

Ⅰ . ①给… Ⅱ . ①李… Ⅲ . ①文言文 – 小学 – 教学参考资料 Ⅳ . ① G624.203

中国版本图书馆 CIP 数据核字（2021）第 101852 号

给孩子的小古文 100 课 上册
GEI HAIZI DE XIAO GUWEN 100 KE

出版发行 / 中译出版社
地　　址 / 北京市西城区车公庄大街甲 4 号物华大厦 6 层
电　　话 /（010）68359376　68359303　68359101
邮　　编 / 100044
传　　真 /（010）68357870
电子邮箱 / book@ctph.com.cn
责任编辑 / 顾客强　王　滢
封面设计 / 韩志鹏
印　　刷 / 山东新华印务有限公司
经　　销 / 新华书店
规　　格 / 650mm×920mm　1/16
印　　张 / 20
字　　数 / 250 千字
版　　次 / 2021 年 7 月第 1 版
印　　次 / 2021 年 7 月第 1 次

ISBN 978-7-5001-6668-9　　定价: 52.00 元（全 2 册）

版权所有　侵权必究
中 译 出 版 社

目录

第一辑　创世神话

第1课　盘古开天地 …………………… 2

第2课　共工触山 ………………………… 5

第3课　女娲补天 ………………………… 8

第4课　鲧禹治水 ………………………… 11

第5课　精卫填海 ………………………… 13

第6课　牛郎织女 ………………………… 16

第二辑　成语寓言

第7课　郑人逃暑 ………………………… 20

第8课　郑人买履 ………………………… 23

第9课　愚人食盐 …………………………… 26

第10课　引婴投江 …………………………… 29

第11课　南辕北辙 …………………………… 32

第12课　自相矛盾 …………………………… 35

第13课　指鹿为马 …………………………… 38

第三辑　聪慧少年

第14课　道旁苦李 …………………………… 42

第15课　破瓮救友 …………………………… 45

第16课　灌水取球 …………………………… 48

第17课　曹冲称象 …………………………… 50

第18课　孔文举年十岁 ……………………… 53

第19课　晋明帝数岁 ………………………… 56

第四辑　自然科普

第20课　杨　柳 ……………………………… 60

第21课　虹 …………………………………… 63

第22课　雪　人 ……………………………… 66

第23课　春 …………………………………… 68

第 24 课　凌云台 ·················· 71
第 25 课　夏 ······················ 74

第五辑　历史烟云

第 26 课　子路问津 ················ 78
第 27 课　曹刿论战 ················ 81
第 28 课　乐不思蜀 ················ 84
第 29 课　扁鹊见秦武王 ············ 87
第 30 课　伯夷列传 ················ 90
第 31 课　唐雎说信陵君 ············ 92

第六辑　青山绿水

第 32 课　苏堤杂花 ················ 96
第 33 课　答谢中书书 ·············· 99
第 34 课　观　潮 ·················· 102
第 35 课　峡江寺飞泉亭记 ·········· 105
第 36 课　泰山观日出记 ············ 108
第 37 课　再游桃花源记 ············ 110

第七辑　美好德行

第38课　子罕弗受玉 ……………………114

第39课　顾荣施炙 ………………………116

第40课　杨震暮夜却金 …………………119

第41课　宋濂故事一则 …………………122

第42课　公仪休拒收鱼 …………………125

第43课　明山宾卖牛 ……………………128

第八辑　处世智慧

第44课　欲速则不达 ……………………132

第45课　上善若水 ………………………135

第46课　人在年少 ………………………138

第47课　孟母三迁 ………………………141

第48课　塞翁失马 ………………………144

第49课　鲁人徙越 ………………………147

第50课　弓与矢 …………………………150

第一辑 创世神话

盘古开天地

《三五历纪》

天地混沌（hùn dùn）如鸡子①，盘古②生其中；万八千岁，天地开辟，阳清③为天，阴浊④为地；盘古在其中，一日九变，神⑤于天，圣⑥于地。天日高一丈，地日厚一丈，盘古日长一丈。如此万八千岁，天数极高，地数极深，盘古极长。后乃有三皇⑦。

字词小贴士

① 鸡子：鸡蛋。
② 盘古：又称盘古氏、混沌氏，传说中开天辟地创造人类世界的始祖。
③ 阳清：轻而清的阳气（指蛋清部分）。
④ 阴浊：重而浊的阴气（指蛋黄部分）。
⑤ 神：智慧。
⑥ 圣：能力。
⑦ 三皇：天皇、地皇、人皇。

古文转换站

世界开辟以前，天和地混成一团，像个鸡蛋一样，盘古就生在这当中；过了一万八千年，天地分开了，轻而清的阳气上升成为天，重而浊的阴气下沉成为地；盘古在天地中间，一天中有多次变化，他的智慧比天还要高超，他的能力比地还要强大。天每天升高一丈，地每天增厚一丈，盘古也每天长高一丈。这样又过了一万八千年，天升得非常高，地增得非常厚，盘古也长得非常高大。这以后，才出现了世间的三皇。

古文趣味多

古文中的数量词

古文数词后可以不加量词，直接跟修饰的名词。如："九变""一桌""一椅"。

古文中，"再"表示"两次""第二次"，和现在"再"表示"又一次"的意思不同。

古文中，有的数目用两个数相乘的形式表示。如："三五明月满，四五蟾兔缺"中，"三五"表示"十五"，"四五"表示"二十"。

与"土地"有关的故事——重耳拜土

《左传》记载了晋公子重耳逃亡的故事：日夜兼程、疲饿交加的重耳，向田间一位耕作的老农乞讨食物，老农捧起一把泥土递给他，一言不发。重耳正要发怒，随从劝他："这是上天的恩赐啊！百姓献土是在表示归服，预示了我们日后一定会得到这片土地。"于是重耳跪倒叩头，然后郑重地将土放到车上，继续逃亡……

智慧修炼场

1.你能补出下列句中空缺的数词或量词吗？

（1）（　　）万八千岁，天地开辟，阳清为天，阴浊为地。

（2）盘古在其中，一日九（　　）变，神于天，圣于地。

2.盘古是一个什么样的形象？你来评价一下吧。

_____

_____

_____

答案：1.（1）一 （2）变 2.例：盘古是开天辟地的巨人，他顶天立地，有智慧，他为人类创造了世界。

共工①触②山

《淮南子·文天训》

昔者，共工与颛顼（zhuān xū）③争为帝，怒而触不周之山，天柱折，地维绝④。天倾西北，故⑤日月星辰移焉⑥；地不满东南，故水潦（lǎo）⑦尘埃⑧归焉。

字词小贴士

① 共工：传说中的部落领袖，炎帝的后裔，被后世尊为水神。
② 触：碰、撞。
③ 颛顼：传说中的五帝之一，黄帝的后裔。
④ 地维绝：拴系着大地的绳子断了。维，绳子。绝，断。
⑤ 故：因此，所以。
⑥ 焉：文中译为"这，这里"。
⑦ 水潦：泛指江河的水。潦，积水。
⑧ 尘埃：尘土，这里指泥沙。

古文转换站

从前，共工和颛顼争着当天帝，失败的共工愤怒地撞击不周山，支撑着天的大柱子断了，拴系着大地的绳子也断了。天向西北方向倾斜，所以日月星辰都向西北方向移动；大地向东南方向塌陷，所以江河泥沙都向东南方流去。

古文趣味多

共工和不周山是真实存在的吗？

在我国远古时期，历史记载总是与神话相结合，所以《共工触山》这个神话故事在一定程度上也反映了当时的历史。不周山应该是存在的，共工这个人也应该是存在的。不过共工怒触不周山这个故事情节肯定是虚构的。这个神话故事，反映了远古部族间的斗争，同时涉及了古代天文学上的"盖天说"。它借助于神话，通过大胆的想象和夸张的手法，来解释"天倾西北""地不满东南"的现象。

智慧修炼场

1. 看看下面加点词语的意思是否正确，正确的打"√"，错误的打"×"。

（1）天柱折，地维绝   断   （ ）

（2）故水潦尘埃归焉   故意   （ ）

2. 你认为"怒而触不周之山"中的"怒"字表现了共工怎样的性格特点？

_____

_____

答案：1.（1）√ （2）× 2.例："怒"字表现了共工的气愤冲天、力量巨大，也反映出他性格中的暴躁、冲动的一面。

女娲补天

《淮南子·览冥训》

往古之时,四极①废②,九州裂,天不兼覆③,地不周载④。火滥(làn)炎⑤而不灭,水浩洋而不息。猛兽食颛民⑥,鸷(zhì)⑦鸟攫(jué)⑧老弱。于是女娲炼五色石以补苍天,断鳌⑨(áo)足以立四极,杀黑龙以济⑩冀州,积芦灰以止淫(yín)水⑪。苍天补,四极正,淫水涸(hé)⑫,冀州平,狡(jiǎo)虫⑬死,颛民生。

字词小贴士

① 四极：天的四边。远古的人认为天的四边都有柱子支撑着。

② 废：坏。

③ 天不兼覆：指天有塌落，不能完整地覆盖大地。

④ 地不周载：指地有崩塌，不能周全地承载万物。

⑤ 滥炎：形容大火绵延燃烧。

⑥ 颛民：善良的人民。

⑦ 鸷：凶猛。

⑧ 攫：抓；夺。

⑨ 鳌：海里的一种大龟。

⑩ 济：救济。

⑪ 淫水：泛滥的洪水。

⑫ 涸：水干枯。这里指洪水消退。

⑬ 狡虫：恶禽猛兽。

古文转换站

在远古的时候，支撑天的四根柱子毁坏了，大地因此四分五裂，天不能全部覆盖大地，地也不能完全承载万物。大火绵延燃烧而不能熄灭，洪水泛滥而不能停止。猛兽吞食善良的人民，凶猛的禽鸟抓食老人、孩童。在这时，女娲冶炼五色石来修补苍天，砍断鳌的脚来撑起四边的天空，杀死黑龙来救济冀州，积聚芦苇的灰烬来堵塞洪水。天空得到了修补，四根天柱被扶正，洪水不再泛滥，冀州回归安宁，恶禽猛兽都死了，善良的百姓活下来了。

古文趣味多

古文中的朗读节奏

"读"是语言能力的一个重要方面,掌握朗读节奏是诵读古文的重要要求之一。那么,掌握朗读节奏,应注意哪些事项呢?

(1)句子开头的语气词、关联词。这些词往往强调语气或领起全句,它们的后面要停顿。语气词如"夫""岂"等,关联词如"故""虽""因"等。例如"故/日月星辰移焉"(《共工触山》),"故"后要停顿。

(2)在现代文中是一个词,而在古文中是两个词的,要分开读。如"可以""中间"等。

(3)朗读时要保持句子结构的原貌。如"猛兽/食颛民"。

(4)对古代的国号、年号、官职、爵位、史实、地名等要了解,否则容易导致朗读节奏错误。

掌握古文的朗读节奏,可以帮助我们理解古文的内容与情感,平时我们应注意多读多练。

智慧修炼场

1.判断下列句子朗读停顿划分的正误,正确的打"√",错误的打"×"。

(1)天/不兼覆　　　　　　　　　　　　(　)
(2)水/浩洋/而不息　　　　　　　　　　(　)
(3)女娲/炼五色石/以补苍天　　　　　　(　)
(4)杀/黑龙以济/冀州　　　　　　　　　(　)

2.你能说说女娲是个怎样的形象吗?

第4课

鲧（gǔn）[1]禹治水

《山海经·海内经》

洪水滔天，鲧窃帝[2]之息壤[3]以堙（yīn）[4]洪水，不待帝命。帝令祝融[5]杀鲧于羽郊[6]。鲧复[7]生禹，帝乃命禹卒[8]布[9]土以定九州。

字词小贴士

[1] 鲧：人名，相传是禹的父亲。
[2] 帝：指天帝。
[3] 息壤：神话中的一种神土。传说这种土能够不停生长，至于无穷，所以能堵塞洪水，故名。息，生长。
[4] 堙：堵塞。
[5] 祝融：神话人物，炎帝的后裔，被后世尊为火神。
[6] 羽郊：羽山的近郊。
[7] 复：同"腹"，肚子。传说鲧死三年，尸体不腐，有人用刀剖开鲧的肚子，禹就降生了。
[8] 卒：差使、役使。
[9] 布：铺填。

古文转换站

洪水漫上天际，鲧盗取了天帝的息壤来堵塞洪水，违抗了天帝的命令。天帝命令祝融在羽山近郊杀死鲧。鲧的肚子生出了禹，天帝就命令禹率领部下铺填土壤来安定九州。

古文趣味多

神话奇书《山海经》

《山海经》是中国第一部描述山川、物产、风俗、民情的地理著作，又是中国古代第一部神话传说的大汇编。全书共十八篇，分为《山经》和《海经》两个部分。其中《精卫填海》《夸父逐日》《后羿射日》等神话传说，反映了中华民族的英雄气概。

智慧修炼场

1.下列加点字的释义有错误的一项是（　　）

A.鲧窃帝之息壤　　　盗窃，偷盗

B.以堙洪水　　　　　堵塞，填塞

C.鲧复生禹　　　　　重复，又一次

2.有人说，在如何治理洪水这个问题上，鲧失败了，禹胜利了，但他们父子都不失为与洪水搏斗并取得胜利的治水英雄。你同意这种看法吗？谈谈你对鲧、禹两人的看法。

_____

_____

答案：1.C 2.同例，鲧在人民危难之际，挺身而出与洪水斗争，并冒着生命危险取了天帝的"息壤"，尽管他失败了，他因此而牺牲了自己的生命。禹吸取了鲧治水失败的教训，利用疏导的方法，终于取得了治水的胜利。

精卫填海

《山海经·北山经》

北二百里，曰发鸠（jiū）之山，其上多柘（zhè）木①。有鸟焉，其状如乌，文②首、白喙（huì）③、赤④足，名曰精卫，其鸣自詨（xiào）⑤。是炎帝之少女，名曰女娃，女娃游于东海，溺（nì）⑥而不返，故为精卫。常衔（xián）⑦西山之木石，以堙于东海。

字词小贴士

① 柘木：一种落叶灌木或小乔木，树皮有刺，树叶可喂蚕。
② 文：同"纹"，花纹。
③ 喙：鸟兽的嘴。
④ 赤：红色。
⑤ 自詨：大叫，呼唤。
⑥ 溺：淹没，这里是溺水的意思，即被水淹死。
⑦ 衔：用嘴含。

古文转换站

　　向北二百里，有座山叫发鸠山，山上长了很多柘树。树林里有一种鸟，它的形状像乌鸦，头上羽毛有花纹，白色的嘴，红色的脚，名叫精卫，它的叫声像在呼唤自己的名字。这其实是炎帝的小女儿，名叫女娃，有一次，女娃去东海游玩，溺水身亡，再也没有回来，所以化身为精卫鸟。精卫经常叼着西山上的树枝和石块，来填塞东海。

古文趣味多

古今异义

　　古文中有大量古今字形相同而意义、用法不同的词。如"去"，古义一般是"离开"，后来演变为"到某地"。古今词义的差别因其演变情形的不同大致有如下几种：

　　（1）词义扩大：指今义的范围大于古义，古义被包括在今义之中。词义扩大是造成词义古今差异的常见现象。如"水由地中行，江、淮、河、汉是也"（《孟子》）中的"江""河"与"淮""汉"并列，分别指"长江"和"黄河"。"江"和"河"

在古代是专有名词,现在扩大为用于泛指的通名了。

(2)词义缩小:指今义的范围小于古义,今义被包括在古义之中。词义缩小也是造成词义古今差异的常见现象。如"金就砺(lì)则利"(《荀子·劝学》)中的"金"原泛指一切金属,现在专指黄金。

(3)词义转移:有的词古今词义差别很大,词义发生了转移,即由表示甲事物变为表示乙事物了。如"哭泣无涕,中心不戚"(《庄子》)中的"涕"指眼泪,现转移为"鼻涕"的意思。

我们应当在阅读古文时对古今异义的词语多加注意。

智慧修炼场

1.你能找出本文中古今意义不同的词语吗?请至少写出两个并解释。

_____

_____

2.文中"常衔西山之木石,以堙于东海"表现了女娃什么特点?

_____

_____

答案:1.例:①"以堙东海"中"海",我国色渤海,现在则指所有大洋。②"溺而不反"中"少女",指小女儿,现在则指未婚女子。 2.example:表现了女娃坚毅不拔的精神和顽强的毅力。

牛郎织女

《月令广义·七月令》

天河之东有织女,天帝之子也。年年机杼①(zhù)劳役②,织成云锦天衣,容貌不暇整。天帝怜其独处,许嫁河西牵牛郎。嫁后遂废织纴(rèn)③,天帝怒,责令归河东,许一年一度相会。

涉秋④七日,鹊首无故皆髡(kūn)⑤,相传是日河鼓⑥与织女会于汉⑦东,役乌鹊为梁⑧以渡,故毛皆脱去。

字词小贴士

① 机杼：织布机。杼，织布的梭子。
② 劳役：辛苦操作。
③ 织纴：纺织。
④ 涉秋：入秋。
⑤ 髡：古代一种剃掉头发的刑罚，这里指喜鹊的头顶秃了。
⑥ 河鼓：星名，即牵牛星。
⑦ 汉：天汉，即银河。
⑧ 梁：桥梁。

古文转换站

　　银河的东边住着织女，她是天帝的女儿。她年年在织布机上劳作，织出锦绣天衣，都没有空闲整理自己的容貌。天帝可怜她独自生活，准许她嫁给银河西边的牛郎。织女出嫁后荒废了纺织的工作，天帝大怒，责令她回到银河东边，只许他们一年相会一次。

　　每年入秋的第七天，喜鹊的头顶就会无缘无故地变秃。据说这天牛郎和织女在银河的东岸相会，役使喜鹊当桥梁来让他们渡河，所以喜鹊头上的毛都被踩掉了。

古文趣味多

一词多义

　　在古文中，一词多义的情况很多，同一个词，在这个句子里是一个意义，在那个句子里又是另一个意义。阅读古文要特别重视并掌握这类多义词的情况，这是培养古文阅读能力的重要基础。

　　怎样确定它们在句子中的意义呢？这就要根据上下文和文章内容来考虑。如本文中"是日"的"是"意思为"此、这"。此外

"是"还有以下几个意思：①正确，与"非"相对，如"今是而昨非"。②认为正确，如"国君之所是，必皆是之"。③表示肯定判断，如"知之为知之，不知为不知，是知也"。

一词多义是重要的文言现象之一。在学习古文时，我们应对一词多义现象及时总结、归纳，并牢记例句。

掌握一词多义现象，可以帮助我们更快速、更准确地理解古文意思。

七夕节

七夕节又叫乞巧节，古时农历七月初七的晚上，少女与妇女向织女星乞求智巧，民间称为"乞巧"。《荆楚岁时记》中记载："是夕，人家妇女结彩缕，穿七孔针，或以金银输石为针，陈瓜果于庭中以乞巧。"

智慧修炼场

1.你能说说加点字的意思吗？试着写出来。

（1）容貌不暇整　　　　　　　　（　　　　）
（2）相传是日河鼓与织女会于汉东（　　　　）
（3）故毛皆脱去　　　　　　　　（　　　　）

2.织女贵为天帝之女，却因婚后"废织纴"而被天帝责罚。对于天帝这一做法，有人赞同，有人反对，谈一谈你的看法。

第二辑 成语寓言

第7课

郑人逃暑①

《太平御览·人事部》

郑人有逃暑于孤林②之下者,日流影移,而徙衽(rèn)③以从阴。及至暮,反④席于树下。及月流影移,复徙衽以从阴,而患露之濡(rú)⑤于身。其阴逾⑥去,而其身逾湿,是巧于用昼而拙于用夕矣。

字词小贴士

① 逃暑：避暑，乘凉。
② 孤林：孤树，一棵树。
③ 衽：卧席。
④ 反：同"返"，返回。
⑤ 濡：沾湿。
⑥ 逾：同"愈"，更加。

古文转换站

郑国有个人在一棵树下乘凉，太阳在空中移动，树影也在地上移动，他也随着树荫挪动自己的卧席。到了黄昏，他又把卧席放回树下。月亮在空中移动，树影也在地上移动，他又随着树荫挪动自己的卧席，而苦于露水沾湿了全身。树影越移越远了，他的身上也越沾越湿了，这个方法在白天使用很巧妙，但晚上用就相当笨拙了。

古文趣味多

中国寓言

寓言是用比喻性的故事寄寓深刻道理的文学作品，带有讽刺或劝诫的性质。"寓"是"寄托"的意思。

寓言多是民间口头创作。先秦诸子百家经常采用寓言阐明道理，其著作中保存了许多当时流行的优秀寓言，如《揠苗助长》《自相矛盾》《守株待兔》《刻舟求剑》《画蛇添足》等，其中《列子》《庄子》与《韩非子》收录寓言都非常多。

智慧修炼场

1. 判断下列句中加点词语的意义是否正确,正确的打"√",错误的打"×"。

(1) 而徙衽以从阴　　移动　　　　　　　　(　)

(2) 反席于树下　　　同"返",返回　　　　(　)

(3) 其阴逾去　　　　过去　　　　　　　　(　)

2. 你认为郑人的"拙"具体表现在哪里?

_____

_____

_____

答案:1.(1)√ (2)√ (3)× 2.例:他晚上也跟着树移动席子,不懂变通。

郑人买履（lǚ）①

《韩非子·外储说左上》

郑人有且②置③履者，先自度（duó）④其足而置⑤之其坐⑥。至之⑦市⑧而忘操⑨之。

已得履，乃⑩曰："吾忘持度（dù）⑪。"反归取之。及⑫反，市罢⑬，遂（suì）⑭不得履。

人曰："何不试之以足？"曰："宁（nìng）信度，无自信也。"

字词小贴士

① 履：鞋。
② 且：将要，准备。
③ 置：置备，置买。
④ 度：动词，量。
⑤ 置：放置。
⑥ 坐：同"座"，座位。
⑦ 之：到。
⑧ 市：集市。
⑨ 操：持，拿。
⑩ 乃：竟然。
⑪ 度：名词，尺码。
⑫ 及：到。
⑬ 罢：完毕，结束。
⑭ 遂：于是。

古文转换站

郑国有个人准备买鞋子，他先量自己的脚，并把量好的尺码放在了自己的座位上。到了集市，却忘了带量好的尺码。

他已经拿到了鞋子，竟然说："我忘记带量好的尺码了。"就返回家去取量好的尺码。等到他返回集市的时候，集市已经散了，于是他就没有买到鞋。

有人说："你为什么不用你的脚试鞋呢？"他说："我宁可相信量好的尺码，也不相信自己的脚。"

古文趣味多

通假字

通假字是文言文的用字现象之一，"通假"就是"通用""借代"的意思，就是用读音相同或相近的字代替本字。由于种种原因，书写者没有使用本字，而临时借用了音同或音近的字。有人认为部分通假字就是古人所写的白字（别字）；有的古人使用通假字，是为了避讳。通假字是重要的文言现象之一，掌握了常见的通假字，可以帮助我们更快速地理解古文的意思。

这篇寓言中有两个通假字，你找到它们了吗？

古人口中的"城"与"市"

对我们现代人来说，"城市"是一个词语；可在古人的语言世界里，"城"与"市"却是各具含义的两个词。

"城"本义是起到军事防卫作用的城墙，引申指城墙圈起来的内部区域，如北京城、西安城。

"市"专指做买卖的地方，也就是我们现在的集市。

智慧修炼场

1. 下列各句中加点字的解释正确吗？请用"√""×"判断正误。

（1）郑人有且置履者　　放　　　　　　　　　　（　）
（2）先自度其足而置之其坐　通假字，同"座"，座位（　）
（3）反归取之　　　　　通假字，同"返"，返回　（　）
（4）无自信也　　　　　相信自己　　　　　　　（　）

2. 请你写出至少两个带"履"的成语。

答案：1.（1）×（2）√（3）√（4）√　2.例：削足适履、如履薄冰、履险如夷

愚人食①盐

《百喻经》

昔②有愚人，至于他③家。主人与食，嫌淡无味。主人闻已④，更(gēng)⑤为益⑥盐。既⑦得盐美，便自念⑧言："所以⑨美者，缘(yuán)⑩有盐故⑪。少有尚(shàng)⑫尔，况复⑬多也？"愚人无智⑭，便空⑮食盐。食已口爽⑯，反⑰为(wéi)其患⑱。

字词小贴士

① 食：吃。
② 昔：从前。
③ 他：别的，另外的。这里指朋友。
④ 闻已：听完。
⑤ 更：再，又。
⑥ 益：增加。
⑦ 既：已经。
⑧ 念：思考；思虑。
⑨ 所以：……的原因。
⑩ 缘：因为。
⑪ 故：缘故。
⑫ 尚：尚且。
⑬ 复：再。
⑭ 智：智慧。
⑮ 空：空口。
⑯ 口爽：口味败坏。
⑰ 反：反而。
⑱ 患：祸患。

古文转换站

　　从前有个愚蠢的人，到朋友家做客。主人给他准备了食物，他嫌食物淡而无味。主人听到之后，又加了盐。他吃了加盐的食物觉得很美味，于是自言自语说："菜之所以味道鲜美，是有了盐的缘故。盐很少就如此美味，何况量再多些呢？"这个愚蠢的人没有智慧，就空口吃盐。吃后味觉败坏，反而成为他的祸患。

古文趣味多

你知道盐宗是谁吗？

古时候，有一个夙（sù）沙部落，部落里有个人叫夙沙氏。他聪明能干，体力过人，善于使用绳子结成的网捕捉禽兽鱼类。每次外出打猎捕鱼都能捕获很多。一天，夙沙氏和往常一样用鬲（lì，古代的一种炊器）从海里打上海水，在山前的海边生起篝（gōu）火。他将鬲置于火上加热，然后开始清理鱼内脏。

突然，一头野猪从他面前飞奔而过，他见状拔腿就追。等他捉住野猪并回到用于煮鱼的鬲边，鬲里的海水已经熬干，鬲底留下了一层白白的细末。他用手指沾了点白色细末放到嘴里一尝，顿时感到这味道是从来没有过的咸与爽口。他把野猪肉烤熟了，也蘸着白色细末吃，感到味道咸而鲜美，真是好极了。就这样，他把这种方法告诉了族人，之后便开始煮海为盐。

夙沙氏煮海为盐，首创华夏制盐之先河，被尊为盐业鼻祖，史称"盐宗"。

智慧修炼场

1.下列各句中加点词语的解释正确吗？请用"√""×"判断正误。

（1）更为益盐　　　　好的　　　　　　　　　　（　）
（2）缘有盐故　　　　故意　　　　　　　　　　（　）
（3）食已口爽　　　　清爽，痛快　　　　　　　（　）
（4）反为其患　　　　成为　　　　　　　　　　（　）

2.请你写出至少两个带"为"的成语。

答案：1.（1）×（2）×（3）×（4）√　2.例：见义勇为，先人为主，合二为一……

引婴投江

《吕氏春秋·察今》

有过①于②江上者③,见人方④引⑤婴儿而欲投之江中,婴儿啼。人问其故⑥,曰:"此其父善⑦游。"其父虽⑧善游,其子岂遽(jù)⑨善游哉⑩?以此任⑪物,亦⑫必悖(bèi)⑬矣。

字词小贴士

① 过：经过。
② 于：从。
③ 者：……的人。
④ 方：正，正要。
⑤ 引：牵，拉。
⑥ 故：原因，缘故。
⑦ 善：擅长，善于。
⑧ 虽：虽然。
⑨ 遽：就。
⑩ 岂……哉：表示反问，译为"难道……吗"。
⑪ 任：处理，对待。
⑫ 亦：也。
⑬ 悖：违反常理。

古文转换站

  有个从江边经过的人，看见有人正拉着个小孩想要把他扔到江里，小孩大声哭泣。过路人问他把孩子投进江中的原因，他说："这孩子的父亲擅长游泳！"虽然父亲擅长游泳，难道孩子就擅长游泳吗？用这种方法对待事物，也必然是违背常理的。

古文趣味多

《吕氏春秋》与成语"一字千金"

  战国时期，秦国丞相吕不韦带领手下门客编写了《吕氏春秋》这部书，夸口说该书是包揽了"天地、万物、古今"的奇书。为了精益求精，也是为扩大影响，吕不韦还想出了一个绝妙的宣传该书的办法：他请人把全书誊抄整齐，悬挂在咸阳的城门下，声称如果有谁能增减、改动一字，即赏给千金。消息传开后，人们蜂拥前去，但没有一个人能对书上文字加以改动。当然，这不一定就证明《吕氏春秋》字字珠玑，达到了尽善尽美的程度，而很可能是因为人们都敬畏吕不韦的威势，没有人愿意出头罢了。不过，此事造成的轰动却是巨大的，《吕氏春秋》和吕不韦的大名远播诸国。

后来，人们用"一字千金"来称赞诗文精妙，价值极高。

智慧修炼场

1. 你能补充出下列动作的发出者吗？

（1）（　　　　）见人方引婴儿而欲投之江中。

（2）（　　　　）曰："此其父善游。"

2. 你从《引婴投江》这个故事中得到了什么启示呢？把你的感悟和大家交流一下吧。

_____

_____

南辕北辙

《战国策·魏策四》

季梁往见王曰:"今者臣来,见人于大行(háng)①,方北面②而持其驾。告臣曰:'我欲之③楚。'臣曰:'君之楚,将奚(xī)④为北面?'曰:'吾马良。'臣曰:'马虽良,此非楚之路也。'曰:'吾用⑤多。'臣曰:'用虽多,此非楚之路也。'曰:'吾御⑥者善。'此数者愈善,而离楚愈远耳⑦。"

字词小贴士

① 大行：宽阔的道路。
② 北面：面向北方。
③ 之：动词，到……去。
④ 奚：为什么。
⑤ 用：费用，钱财。
⑥ 御：驾驭车马。
⑦ 耳：而已，罢了。

古文转换站

季梁去见王说："我今天来时，在大路上遇见了一个人，正在朝北驾着车前行。他告诉我说：'我想到楚国去。'我说：'你到楚国去，为什么往北走呢？'他说：'我的马好。'我说：'马虽然好，但这不是去楚国的路啊。'他说：'我的路费多。'我说：'你的路费虽然多，但这不是去楚国的路啊。'他说：'我的马夫善于驾车。'这几个条件越好，他离楚国就越远。"

古文趣味多

"辕"与"辙"

"辕"是古代车前部用于驾牲畜的两根直木，"辕马""驾辕"中的"辕"就是这个意思。辕在先秦时代是一根曲木，在车的中间。汉代以后多是两根直木，在车前两侧。"辕"在旧时也指军营、官署的外门"辕门"，借指衙署。

"辙"是车轮轧出的痕迹，即车辙。后来指行车规定的路线方向，如"上下辙"；也指办法、主意，如"没辙了"。

智慧修炼场

1.故事的主人公认为自己能到达目的地的有利条件有哪些？请简要说说。

_____

_____

2.你还知道哪些与"南辕北辙"意思相近的成语？请写出至少两个。

_____

_____

答案：1.马好、路费多、车夫善于驾车。 2.示例：背道而驰、大相径庭

自相矛盾

《韩非子·难一》

楚人有鬻（yù）①盾与矛者，誉②之曰："吾盾之坚，物莫③能陷④也。"又誉其矛曰："吾矛之利⑤，于物无不陷也。"或⑥曰："以⑦子之矛，陷子之盾，何如？"其人弗⑧能应（yìng）也。夫（fú）⑨不可陷之盾与无不陷之矛，不可同世而立。

字词小贴士

① 鬻：卖。
② 誉：称赞，这里是夸耀、吹嘘的意思。
③ 莫：没有。
④ 陷：刺破，刺穿。
⑤ 利：锋利。
⑥ 或：有的人。
⑦ 以：用。
⑧ 弗：不。
⑨ 夫：放在句首，表示将要发表议论，不译。

古文转换站

楚国有个卖盾和矛的人，他夸耀自己的盾说："我的盾很坚固，没有什么东西能刺穿它！"他又夸耀自己的矛说："我的矛很锋利，没有什么东西能不被它刺破！"有人问他："用你的矛去刺你的盾，会怎么样呢？"那个人无法回答。不能被刺穿的盾牌和能刺破所有东西的长矛，是不可能共同存在的。

古文趣味多

盾牌及其寓意

盾牌是古代作战时一种手持格挡，用以掩蔽身体，抵御敌方兵刃、矢石等兵器进攻的防御性兵械，呈长方形或圆形。盾的中央向外凸出，外形像乌龟的背部，内面有数根系带，称为"挽手"，以便使用时抓握。它往往是抵御、防护的象征；还可作为对人或事物的一种比喻，比喻掩盖、推托的借口。

古文中"之"的用法

"之"在古文中是一个使用很频繁的词语,也是需要我们牢记的重点词语之一。它在古文中常见的用法主要有:①动词,到……去。例如:吾欲之楚。(《南辕北辙》)②代词,代人、代物。例如:反归取之。(《郑人买履》)③相当于"的"。例如:以子之矛,陷子之盾。(《自相矛盾》)④用在句末补足音节,无实义。⑤用在句中,取消句子独立性,不翻译。例如:吾盾之坚,物莫能陷也。(《自相矛盾》)

智慧修炼场

1.你能说出下面句中"之"字的用法吗?试着写在括号里。

(1)吾矛之利   (   )

(2)不可陷之盾   (   )

2.这个故事给了你怎样的启示呢?请写一写。

答案:1.(1)用在句中,取消句子独立性,不翻译。(2)的。 2.例:我们做事要想事多角度考虑,不要前后矛盾。

第 13 课

指鹿为马

《史记·秦始皇本纪》

赵高欲①为乱②,恐群臣不听,乃先设验③。持④鹿献于二世⑤,曰:"马也。"二世笑曰:"丞相误⑥邪(yé)⑦?谓鹿为马。"问左右⑧,左右或默,或言马以阿(ē)顺⑨赵高,或言鹿。高因⑩阴⑪中(zhòng)⑫诸⑬言鹿者以法,后群臣皆畏高。

字词小贴士

① 欲：想要。
② 乱：叛乱，此处指篡夺秦朝的政权。
③ 设验：设法试探。
④ 持：带着。
⑤ 二世：指秦二世胡亥。
⑥ 误：错误；误会。
⑦ 邪：疑问语气词，相当于现代汉语的"吗""呢"。
⑧ 左右：这里指秦二世身边的大臣。
⑨ 阿顺：曲意顺从。
⑩ 因：于是，就。
⑪ 阴：暗中。
⑫ 中：中伤，诬蔑别人使受损害。
⑬ 诸：那些。

古文转换站

赵高想要篡夺秦朝的政权，恐怕各位大臣不听从他，就先设下圈套设法试探。他带来一只鹿献给秦二世，说："这是一匹马。"秦二世笑着说："丞相错了吧？你把鹿说成是马。"问身边的大臣，身边大臣有的沉默，有的说是马来顺从迎合赵高，有的说是鹿。赵高就在暗中假借法律中伤陷害那些说是鹿的人。后来大臣们都畏惧赵高。

古文趣味多

老马识途

公元前663年，齐桓公应燕国的要求，出兵攻打入侵燕国的山戎，相国管仲和大夫隰（xí）朋随同前往。齐军是春天出征的，到凯旋时已是冬天，草木凋零，大地变了样。大军在崇山峻岭的一个山谷里转来转去，最后迷了路。虽然派出多批探子探路，但仍然弄不清楚该从哪里走出山谷。时间一长，军队的给养出现了短缺，情况非常危急，再不找到出路，大军就会被困死在这里。管仲思索了好久，终于有了一个设想：既然狗离家很远能寻回家去，那么军中的马，尤其是老马，也应该有认识路途的本领。于是他对齐桓公说："大王，我认为老马有认路的本领，可以让它们在前面带路，引领大军出山谷。"齐桓公同意试试看。管仲立即挑出几匹老马，解开缰绳，让它们在大军的最前面自由行走。也真奇怪，这些老马都毫不犹豫地朝一个方向行进。大军就紧跟着它们走，最后终于走出山谷，找到了回齐国的大路。

智慧修炼场

1. 你能写出下面加点词语的意思吗？

（1）赵高欲为乱　　　（　　　　　）

（2）丞相误邪　　　　（　　　　　）

（3）左右或默　　　　（　　　　　）

2. 赵高指鹿为马时，秦二世和群臣的神态是怎样的？请发挥想象，写一写吧。

_____

_____

答案：1.（1）叛乱；（2）错误；（3）有的　2.例：秦二世以为赵高得了精神病了，脸上挂着嘲笑的笑容，露出疑惑不解的神情；说是鹿的大臣露出正气凛然的神情；说是马的大臣露出谄媚的神情。

第三辑 聪慧少年

道旁苦李

《世说新语·雅量》

王戎①七岁，尝②与诸③小儿游④。看道边李树多子⑤折枝⑥，诸儿竞⑦走⑧取之，唯戎不动。人问之，答曰："树在道边而多子，此必苦李。"取之，信然⑨。

字词小贴士

① 王戎：晋朝人，"竹林七贤"之一。
② 尝：曾经。
③ 诸：众。
④ 游：玩。
⑤ 子：果实。
⑥ 折枝：压弯了树枝。
⑦ 竞：争着。
⑧ 走：跑。
⑨ 信然：确实如此。

古文转换站

　　王戎七岁的时候，曾经和小孩子们一起玩耍。那些小孩子看见路边的李树结了很多李子，枝条都被压弯了，都争先恐后地跑去摘，只有王戎没有动。有人问他为什么不去摘李子，王戎回答说："这树长在大路边还有这么多李子（没被人摘走），这一定是苦李子。"摘来一尝，果然是这样。

古文趣味多

古文中的"走"

　　古文中的"走"一般是现在的"跑"的意思，如"走马观花""不胫而走"；现在的"走"在古文中一般说"行"；表示慢走可以用"步"；表示快走则用"趋"，如"趋之若鹜"。

竹林七贤

　　"竹林七贤"指的是魏末晋初的七位名士，他们分别是：阮（ruǎn）籍、阮咸、嵇（jī）康、山涛、向秀、刘伶和王戎。他们常聚集在竹林之下，饮酒放歌，恣意游乐，被世人称为"竹林七贤"。他们是当时玄学的代表人物，但每个人的思想倾向却不尽相同。其中，嵇康、阮籍、刘伶和阮咸醉心于老庄之学，主张放任自然；山涛和王戎偏好老庄而杂以儒术；向秀则主张名教与自然合一。他们七人在生活上不拘礼法，放浪形骸（hái），其作品多揭露当时朝廷的虚伪。由于七人之间关系友善，后人便用"竹林七贤"来比喻高洁之士或莫逆之交。

智慧修炼场

1.下列句中加点词语的解释正确吗？请用"√""×"判断正误。

A. 尝与诸小儿游　　　曾经　　　　　　　　（　）
B. 诸儿竞走取之　　　行走　　　　　　　　（　）
C. 取之信然　　　　　确实如此　　　　　　（　）

2.为什么说王戎小时候是一个聪明的孩子？

答案：1.（1）√（2）×（3）√ 2.这个故事写王戎小时候，根据李子树长在路边却还有许多果子这一现象，经过分析推理，得出"此必苦李"的结论，又尝果为证，说明他的推理是准确的。他是一个聪明的孩子。

破瓮（wèng）救友

《宋史·司马光传》

光生七岁，凛（lǐn）然①如成人，闻讲《左氏春秋》②，爱之，退③为家人讲，即了（liǎo）其大指④。自是手不释⑤书，至不知饥渴寒暑。群儿戏于⑥庭，一儿登瓮，足跌没（mò）水中，众皆弃⑦去，光持石击瓮破之，水迸（bèng）⑧，儿得活。

字词小贴士

① 凛然：严肃、庄重的样子。
② 《左氏春秋》：相传是春秋时代左丘明编著的史书，是中国第一部叙事详细的编年体史书。
③ 退：返回。这里指回家。
④ 大指：大意，主要意思。指，同"旨"。
⑤ 释：放下。
⑥ 于：在。
⑦ 弃：抛弃，舍去。
⑧ 迸：涌出。

古文转换站

司马光七岁时，严肃的样子像一个大人，他听人讲《左氏春秋》，特别喜欢，回到家后就讲给家人听，竟能说出其中的大意。从那以后，他手不离书，甚至忘记饥渴和寒暑。一群小孩子在庭院里面玩，一个小孩站在大瓮上面，失足跌落，被水淹没，其他的小孩子都丢下他离开了，只有司马光拿石头砸破了瓮，瓮中的水涌出，那个小孩子得以活命。

古文趣味多

古文中"然"的用法

古文中"然"的用法要牢记，这有助于我们理解古文内容。一般说来，"然"的常见的用法有：①作为指示代词，相当于"这样""那样"，如"取之信然"（《道旁苦李》）中"然"的意思是"这样，如此"。②是的，对的，如"深以为然"；有时也有"认为……是对的"的意思，如"沛公然其计"（《史记·高祖本纪》）。③表示转折的连词，相当于"不过""但是""然而"。④用在形容词后，表示"……的样子"，如"凛然如成人"（《破瓮救友》）。

"瓮"与"缸"

瓮并非缸，很多人说的"司马光砸缸"其实是不对的，司马光砸的实为瓮。瓮属于陶器，其器收口，内部深，孩童落入容易被淹没；缸则是明中期以后才有的器物，属于瓷器，底小口大，孩童落入一般不会被淹没。

智慧修炼场

1. 你能说出下面句中加点词语的意思吗？
   （1）凛然如成人　　（　　　　）
   （2）即了其大指　　（　　　　）
   （3）群儿戏于庭　　（　　　　）
2. 你知道司马光编撰的史学名著是什么吗？

答案：1.（1）……的样子 （2）同"晓"，明白 （3）庭院 2.《资治通鉴》

第16课

灌水取球

《邵氏闻见录》

文潞公[①]幼时，与群儿击球，入柱穴[②]中，不能取，公以[③]水灌之，球浮出。

字词小贴士

① 文潞公：即文彦博，北宋时期政治家、书法家，因封号"潞国公"而世称"文潞公"。
② 柱穴：圆洞。
③ 以：用。

古文转换站

文彦博年幼时，与一群孩子打球玩，球滚入圆洞中，取不出来，文彦博用水灌入洞中，球就浮了出来。

古文趣味多

文彦博巧化危机

文彦博在成都任职时，曾在一个大雪天宴请宾客。夜深了还没有散席，随从的士兵中有人大发牢骚，并且把井亭拆掉烧了避寒。一个校尉把这些向文彦博报告了，席上的宾客听后都吓得直打战。文彦博镇定地说:"天气确实冷,就让他们把井亭拆了去烤火吧。"说毕神色自若地继续饮酒。随从的士兵们泄了气,再也没有找借口闹事。第二天,文彦博查问清是谁先动手拆井亭的,就把此人杖责一顿押送走了。

智慧修炼场

1.判断下面对加点词语理解的正误,正确的打"√",错误的打"×"。

公以水灌之　　　　指圆洞　　　　　　　　　（　　）

2.这个故事给了你什么启示呢?

_____

_____

_____

答案:1.√　2.例:我们一定要善于开动脑筋,并善于致用。

曹冲称象

《三国志·魏志》

（曹冲）生①五六岁，智意②所及，有若成人之智。时孙权曾致③巨象，太祖欲知其斤重，访④之群下⑤，咸⑥莫能出其理⑦。

冲曰："置⑧象大船之上，而刻其水痕所至，称物以载（zài）⑨之，则校⑩可知矣。"

太祖大悦⑪，即施行焉。

字词小贴士

① 生：长到。
② 智意：智慧，指知识和判断能力。
③ 致：送。
④ 访：询问。
⑤ 群下：众多属下。
⑥ 咸：皆，都。
⑦ 理：办法。
⑧ 置：放。
⑨ 载：装载。
⑩ 校：同"较"，比较。
⑪ 悦：高兴，开心。

古文转换站

　　曹冲长到五六岁的时候，知识和判断能力所达到的程度，可以比得上成人。当时孙权曾送来一头大象，太祖曹操想知道这象的重量，询问他的众多属下，属下都不能说出称象的办法。

　　曹冲说："把象赶到大船上，然后在水面所达到的地方刻上记号，再让船装载其他东西（直到水面到记号处），称一下这些东西，那么比较下就能知道了。"

　　曹操很高兴，马上照这个办法做了。

古文趣味多

曹冲智救库吏

　　三国时期的魏国，军队、国家事务繁多，重于刑罚。曹操的马鞍放在仓库里，被老鼠啃坏了，管理仓库的差役害怕被曹操处死，就想反绑自己的双手去向曹操请罪，但担心这样也不能免罪。曹冲对他说："你三天以后再去自首。"于是就拿刀戳自己的衣服，让衣服就像被老鼠咬过一样，然后在曹操面前摆出一副发愁的样子。曹操问他为什么不高兴，曹冲回答说："民间认为老鼠咬了衣服，主人就会不吉利。现在我的衣服被咬了，所以难过。"曹操说："那是瞎说的，用不着苦恼。"三天后库吏汇报了老鼠咬马鞍的事，曹操笑着说："我儿子的衣服放在身边还被咬了，何况是挂在柱子上的马鞍呢？"一点儿也没责备库吏。

智慧修炼场

1.下列对句子中加点词语的理解不正确的一项是（　　）

A.智意所及　　　　　知识和判断能力

B.太祖欲知其斤重　　指曹冲

C.咸莫能出其理　　　都

D.太祖大悦　　　　　高兴

2.曹冲用"等量替换法"化"整"为"散"，将难题圆满解决。你还能想出其他办法来解决吗？

_____

_____

答案：1.B　2.略

第18课

孔文举①年十岁

《世说新语·言语》

孔文举年十岁,随父到洛。时李元礼有盛名,为司隶校尉,诣门②者皆俊才清称(chēng)③及中表④亲戚,乃⑤通⑥。文举至门,谓吏曰:"我是李府君亲。"

既通,前坐。元礼问曰:"君与仆⑦有何亲?"对曰:"昔先君仲尼⑧与君先人伯阳⑨有师资之尊,是仆与君奕(yì)世⑩为通好也。"元礼及宾客莫不奇之。

太中大夫陈韪(wěi)后至,人以其语语(yù)⑪之。韪曰:"小时了了⑫,大未必佳。"文举曰:"想君小时,必当了了。"韪大踧踖(cù jí)⑬。

字词小贴士

① 孔文举:即孔融,字文举,东汉名士,"建安七子"之首,以

诗文著称，孔子的第二十四世孙。
② 诣门：登门。
③ 清称：有清高的名称。
④ 中表：古代父亲姐妹的儿女为外表，母亲兄弟姐妹的儿女为内表，合称中表。
⑤ 乃：才。
⑥ 通：通报。
⑦ 仆：对自己的谦称。
⑧ 仲尼：即孔子，姓孔，名丘，字仲尼。
⑨ 伯阳：即老子，姓李，名耳，字伯阳。
⑩ 师资：老师。相传孔子曾向老子请教过学问。
⑪ 奕世：累世，一代接一代。
⑫ 语：告诉。
⑬ 了了：聪明伶俐。
⑭ 踧踖：局促不安的样子。

古文转换站

　　孔文举十岁时，跟随父亲到洛阳。当时李元礼很有名望，担任司隶校尉，登门拜访的人中，都是杰出的人才、享有清名的人，以及他的中表亲戚才被通报。孔文举到了他门口，对守门人说："我是李府君的亲戚。"

　　通报后，孔文举进去坐在前面。李元礼问道："您和我是什么亲戚？"孔文举回答说："从前我的先人孔仲尼和您的先人李伯阳有师生之亲，这样说，我与您两家是世代通好。"李元礼和宾客们对他的回答没有不感到惊奇的。

　　太中大夫陈韪后到，有人把孔文举的话告诉了他。陈韪说："小时候聪明伶俐，长大后未必优秀。"孔文举说："想来您小时候一定聪明伶俐。"陈韪非常尴尬。

> **古文趣味多**

古代的"敬称"与"谦称"

中国是历史悠久的礼仪之邦，汉语中有许多敬称和谦称。

敬称是尊敬对方的称谓。比如对君主称"王""大王""上""陛下"等，对一般人称"公""卿""子""君""先生""足下""夫子"等。

谦称是对自己及己方的人与事的称呼，是表示谦逊的自称。比如君主自称"寡人""孤"等；一般人自称"愚""小人""仆""鄙人""小可""不才"等。对别人说自己的儿子，可以称"愚儿""犬子"；对别人说自己的妻子，可以称"寒荆""拙荆""荆妻"等；对别人说自己的父母和兄长，可以称"家父""家母""家兄"等。文中"君与仆有何亲"中的"君"是敬称，"仆"则是谦称。

> **智慧修炼场**

1. 下面句子中加点字的解释不正确的一项是（　　）
A. 随父到洛　　洛阳　　　　B. 为司隶校尉　　担任
C. 既通　　已经　　　　　　D. 君与仆有何亲　　仆人

2. 孔文举说"想君小时，必当了了"，让陈韪感到"大踧踖"。这背后的原因是什么？

_____

_____

答案：1.D　2.例：因为孔文举的话中有讥讽他的意思，暗指你的现在，既然你小的时候一定非常聪明，所以现在不太聪明了。

第三辑　聪慧少年　55

晋明帝①数岁

《世说新语·夙慧》

晋明帝数岁,坐元帝膝上。有人从长安来,元帝问洛下②消息,潸(shān)然③流涕④。明帝问何以致泣,具⑤以东渡意告之。因⑥问明帝:"汝⑦意长安何如日远?"答曰:"日远。不闻人从日边来,居然⑧可知。"元帝异⑨之。明日⑩,集群臣宴会,告以此意,更⑪重问之,乃答曰:"日近。"元帝失色,曰:"尔何故异昨日之言邪?"答曰:"举目见日,不见长安。"

字词小贴士

① 晋明帝：司马睿长子司马绍，后继位为明帝。
② 洛下：洛阳，西晋时京都所在地。文中故事发生时，洛阳已被匈奴占领。
③ 潸然：泪流的样子。
④ 涕：眼泪。
⑤ 具：同"俱"，全，都。
⑥ 因：趁，趁机。
⑦ 汝：你。
⑧ 居然：显然。
⑨ 异：对……感到诧异。
⑩ 明日：第二天。
⑪ 更：再，再次。

古文转换站

晋明帝只有几岁的时候，坐在元帝膝盖上。有个人从长安来，元帝就向他询问洛阳的消息，听后流下了眼泪。明帝问元帝因为什么哭泣，元帝便把东迁的原委都告诉了他。元帝趁机问明帝："你认为长安与太阳哪个更远？"明帝回答说："太阳远。没听说有人从太阳那边来，这显然可知了。"元帝对他的回答感到很诧异。第二天，元帝召集群臣举行宴会，把明帝所说的意思告诉了他们，再次问明帝，明帝却回答说："太阳近。"元帝变了脸色，说："你为什么与昨天说的不一样呢？"明帝回答说："抬头就能看见太阳，但看不见长安。"

古文趣味多

"十三朝古都"洛阳

洛阳有着5000多年的文明史、4000多年的建城史和1500多年的建都史，夏、商、西周、东周、东汉、曹魏、西晋、北魏、隋、唐、后梁、后唐、后晋等十三个王朝在洛阳建都，因而洛阳有"十三朝古都"之称。

洛阳是中华民族和华夏文明的发源地之一，是东汉、曹魏、西晋、北魏及隋唐时期丝绸之路的东方起点，隋唐大运河的中心枢纽。牡丹因洛阳而闻名于世，有"洛阳牡丹甲天下"的说法，因此洛阳又被誉为"千年帝都，牡丹花城"。

智慧修炼场

1. "涕"的本义是"眼泪"，你能写出两个带"涕"的成语吗？

_____

_____

2. 晋明帝就同一个问题回答"日远"和"日近"的原因各是什么？

_____

_____

答案：1. 例：痛哭流涕、感激涕零。 2. 回答"日远"的原因是"不闻人从日边来"；回答"日近"的原因是"举目见日，不见长安"。

第四辑 自然科普

杨　柳①

《民国老课本》

杨柳，随处可种，临水尤②宜③。春初发叶，旋④开黄花。及⑤春末，叶渐多。花中结实，细而黑。蕊落，有絮绽⑥出，质软如棉，色白如雪，随风飞舞，散于各处。

字词小贴士

① 杨柳：指柳树。
② 尤：尤其，特别。
③ 宜：适宜，适合。
④ 旋：不久。
⑤ 及：到。
⑥ 绽：绽开。

古文转换站

　　柳树，到处可以栽种，靠近水的地方尤其适合。春初发出新芽，不久开出黄花。到了春末，叶子渐渐增多。花中结出果实，果实又细又黑。花蕊脱落，有柳絮绽开飞出来，质地像棉花一样软，色泽像雪花一样白，随着风飘飞舞动，散落到各地。

古文趣味多

杨柳的传说与寓意

　　《开河记》中记载，隋炀帝登基后，曾下令开凿通济渠，当时有人建议，可以在堤岸种上柳树。隋炀帝觉得这个建议不错，就下令在新开凿的大运河的堤岸种柳树。后来，隋炀帝亲自栽植，并留下御书，将柳树赐姓为杨。从此以后，柳树就有了"杨柳"的称呼。

　　因为"柳"的发音和"留"很相似，所以一些文人骚客将柳树作为寄托自己留恋情怀的树木。古时候交通很不便利，人们离别后通常就很难相见，所以在送别的时候，人们常常会用柳树来表达惜别和留恋之情。有时候它也表达对女子身姿的赞美，如"杨柳细腰"之说。

智慧修炼场

1.根据文章填一填。

柳树栽植在靠近（　　　）的地方最合适，其果实（　　　　），柳絮软得像（　　　），白得像（　　　　）。

2.你能写出两句带"柳"的古诗词名句吗？

_____

_____

答案：1.水　细而藏　棉　雪　2.例：渭水绿溶溶花里，卧听山寨折杨柳。碧玉妆成一树高，万条垂下绿丝绦。

虹

《民国老课本》

大雨初过，虹现①云际，颜色美丽。儿见之，指以示母。母曰："雨止天霁(jì)②，云未散尽。其中水气为日光所照，则反映③为虹。故朝(zhāo)时日在东，则虹现于西；夕时日在西，则虹现于东。"

字词小贴士

① 现：出现。
② 霁：雨雪停止，天放晴。
③ 反映：反射、映照。

古文转换站

　　大雨刚刚过去，彩虹出现在云端，颜色美丽。孩子见到它，指着给母亲看。母亲说："雨停天晴，但是云还没有散尽。云中的水气受到太阳光的照射，就反射映照出了彩虹。所以早上的时候太阳在东面，那么彩虹就会出现在西面；晚上的时候太阳在西面，那么彩虹就会出现在东面。"

古文趣味多

古人认知中的"虹"

　　"虹"是雨后天空中出现的彩色圆弧，有红、橙、黄、绿、蓝、靛、紫七种颜色。主虹称为"虹"，副虹称为"霓（ní）"。因为彩虹总是出现在雨后，所以古人认为"虹"是一种能呼风唤雨的龙，甲骨文中的"虹"字形似一个有两个头的虫子。

中国很多典籍中都有对虹的描写和记载，如《列子》中说："虹霓也，云雾也，风雨也，四时也，此积气之成乎天者也。"《尔雅》中写："虹双出，色鲜盛者为雄，雄曰虹。暗者为雌，雌曰霓。"沈括在《梦溪笔谈》中引用孙彦红的话说："虹，日中水影也。日照雨，则有之。"这表明北宋时期，人们对天空中的虹就有了较为科学的解释。

后来，"虹"又多了其他的意思：由于虹形态优美，形状像桥，人们便用"虹"形容桥，或指代美丽的桥。中国著名桥梁专家茅以升曾这样写道："石拱桥的桥洞成弧形，就像虹。"

智慧修炼场

1.判断下列说法的正误，正确的打"√"，错误的打"×"。

（1）"指以示母"意思是"指虹以示母"。（　　）

（2）"其中水气为日光所照"与"则反映为虹"两句中的两个"为"意思相同。（　　）

2.你知道有哪些关于虹的谚语或俗语吗？试着写出一两个。

_____

_____

答案：1.(1)√ (2)× 2.例：东虹轰隆西虹雨，朝虹雨夕虹晴。

第22课

雪 人

《民国老课本》

大雪之后,庭中积雪数寸。群儿偕(xié)来①,堆雪作人形,目张②,口开,肢体臃肿(yōng zhǒng)③,跌(fū)坐④如僧。有顷(qǐng)⑤,日出雪融⑥。雪人亦消瘦,渐化为水矣。

字词小贴士

① 偕来:都来,一起来。
② 目张:眼睛张开。
③ 臃肿:肥大而笨拙,不灵活。
④ 跌坐:佛教徒盘腿打坐。跌,同"跗",脚背。
⑤ 有顷:短时间,一会儿。
⑥ 融:融化。

古文转换站

大雪过后,院子里积雪几寸深。孩子们都跑过来,把雪堆成人形,雪人睁着眼,张着嘴,四肢和身体胖胖的,像僧人一样盘着腿坐着。一会儿，太阳出来了，雪融化了。雪人也变瘦了，渐渐化成了水。

古文趣味多

雪的别名

古时雪的别名有很多，特别是在诗词中，古人会用各种相似的事物指代雪，如柳絮、琼芳、琼花等，有时也借用一些典故，形式多样，组合灵活多变。

1.六出。雪花呈六角形，因此被称为"六花""六出"。如唐代高骈《对雪》诗中有"六出飞花入户时，坐看青竹变琼枝"句。

2.柳絮。《世说新语》记载，晋代谢安集子侄咏雪，其侄女谢道韫以"未若柳絮因风起"形容雪，因此后人常将雪喻为"柳絮"。

3.琼花。琼花是一种灌木，花朵洁白似雪，因此文人墨客用它比喻雪。如南宋杨万里《观雪》诗中有"落尽琼花天不惜，封他梅蕊玉无香"句。

4.琼芳。琼芳即琼花，也比喻雪花。如唐代李贺《十二月乐辞·十一月》诗中有"宫城团回凛严光，白天碎碎堕琼芳"句。

智慧修炼场

1.请写出文中描绘雪人形象的句子。

_____

2.你能写出两句有关雪的古诗词名句吗？

_____

_____

答案：1.目张，口开，胳膊伸直，腿弯曲着。 2.例：忽如一夜春风来，千树万树梨花开。 白雪却嫌春色晚，故穿庭树作飞花。

春

《明文精选·闲赏》

首四时，苏①万汇②者，春也。气暖则襟③韵舒④，日迟则烟景媚⑤。百鸟和鸣，千花竞⑥发⑦。田畯（jùn）⑧举趾于南亩，游人联辔（pèi）于⑨东郊。风光之艳，游赏之娱⑩，此为最矣。

字词小贴士

① 苏：苏醒。
② 万汇：万物。
③ 襟：胸怀。
④ 舒：舒展。
⑤ 媚：美好。
⑥ 竞：争着。
⑦ 发：开放。
⑧ 田畯：古代主管农事的官员。
⑨ 于：到。
⑩ 娱：快乐。

古文转换站

一年四季的第一个季节，使万物恢复生机的，正是春天啊。天气转暖，人们的胸怀和神情就舒展了，太阳落山的时间晚了，原野上烟气蒸腾的景色就更好看了。百鸟用声音来相互应和着，千花也争着开放。官员们巡视农田，游春的人们一块儿骑马来到郊外。风光的明艳，游山玩水的快乐，这时是最好的了。

古文趣味多

对对子

对子也叫对联，是中国人民喜闻乐见的富有民族特色的艺术形式，是语言艺术、书法艺术和装饰艺术的完美结合。过春节时贴对联，也叫贴春联，是中国的风俗。对联经过千年的发展和文人墨客的千锤百炼，形成了一套规范。其中最重要的是字数相等、节奏一致，即上下联的字数必须相等，上、下联的语音节奏要一致，如"天意怜幽草""人间爱晚晴"，"日照花如锦""风吹柳似长"。

智慧修炼场

1.文中是描绘了怎样的春日美景？用两个四字词语概括。

_____

_____

2.根据小古文《春》，试着填一填。

"气暖"对"_____"，"百鸟"对"_____"，"田畯"对"_____"，"举趾"对"_____"，"南亩"对"_____"。

答案：1.莺飞草长、千花竞秀 2.日长 游人 千亩 泛舟 东郊

凌云台①

《世说新语·巧艺》

凌云台楼观(guàn)②精巧,先称(chēng)平众木轻重,然后造构,乃无锱铢(zī zhū)③相负揭④。台虽高峻,常随风摇动,而终无倾倒之理。魏明帝登台,惧其势危,别⑤以大材扶持之,楼即颓(tuí)⑥坏。论者谓⑦轻重力偏故也。

字词小贴士

① 凌云台：楼台名，位于洛阳。
② 楼观：楼台。
③ 锱铢：比喻极细微的数量。锱和铢都是重量单位，六铢为一锱，四锱为一两。
④ 负揭：指秤杆的下垂与翘起；高下。
⑤ 别：另外。
⑥ 颓：崩坏，倒塌。
⑦ 谓：认为。

古文转换站

凌云台楼台精巧，建造之前先称过所有木材的重量，然后才筑台，因此楼台四面的重量不差分毫。楼台虽然高峻，常随风摇摆，但始终没有倒塌的可能。魏明帝登上凌云台，害怕它情况危险，另外用大木头支撑着它，楼台随即就倒塌了。谈论此事的人认为这是重心偏向一边的缘故。

古文趣味多

中国三大名楼

1.黄鹤楼

位于湖北省武汉市长江南岸的武昌蛇山之巅，濒临万里长江，也是"江南三大名楼"之一，自古享有"天下江山第一楼"和"天下绝景"之称。

2.岳阳楼

位于湖南省岳阳市古城西门城墙之上，下瞰洞庭湖，前望君山，自古有"洞庭天下水，岳阳天下楼"之美誉。岳阳楼也是三大名楼中唯一保持原貌的古建筑。

3.滕王阁

位于江西省南昌市西北部沿江路赣江东岸，主体建筑净高57.5米，建筑面积约13000平方米。它是古代储藏经史典籍的地方，可以说是古代的图书馆。

智慧修炼场

1.判断下列说法的正误，正确的打"√"，错误的打"×"。

（1）"乃无锱铢相负揭"中"锱铢"的意思是"微小的数目"。（　）

（2）"而终无倾倒之理"中"而"是"但是"的意思。（　）

（3）"惧其势危"中"其"指代魏明帝。（　）

2.凌云台的构造可谓奇巧，你还知道哪些构造或设计十分巧妙的建筑呢？

_____

_____

答案：1.(1)√ (2)√ (3)× 2.例：天坛、故宫、长城等。

夏

《明文精选·闲赏》

溽（rù）暑①蒸人，如洪②炉铸（zhù）③剑，谁能跃冶（yuè yě）④？

须得清泉万派⑤，茂树千章⑥，古洞含风，阴崖积雪。空中楼阁，四面青山。镜里亭台，两行画鹢（yì）⑦。湘帘竹簟（diàn）⑧，藤枕石床。

栩（xǔ）栩然⑨蝶欤（yú）⑩？周⑪欤？吾不得而知也。

字词小贴士

① 溽暑：闷热。溽，湿。
② 洪：大。
③ 铸：熔化金属，铸造器物。
④ 跃冶：《庄子·大宗师》中有铁匠冶铁时，金属在冶炼炉中踊跃自夸的故事。后以"跃冶"比喻自我炫耀。
⑤ 派：江、河的支流。
⑥ 章：量词，此处相当于"棵"。
⑦ 画鹢：古人为镇江神在船头画鹢鸟，后以"画鹢"代指画船。
⑧ 竹簟：竹席。
⑨ 栩栩然：栩栩如生的样子。
⑩ 欤：表疑问或反问，相当于"呢"。
⑪ 周：庄周。这里用庄周梦蝶的典故，据说庄周梦见自己变成了蝴蝶，醒来后不知是自己做梦变成了蝴蝶，还是蝴蝶做梦变成了自己。

古文转换站

　　夏天的闷热蒸着人们，如同大火炉炼铸宝剑，谁能有踊跃做事的余力？

　　必须得有万条清冽的泉水，千棵茂盛的大树，古洞透风，背阴的山崖积雪还在。空中楼阁，四面环绕着青山。湖水倒映着岸上的亭台，边上两列画舫。用湘妃竹做的帘子和床席，藤编的枕头和石头做的床。

　　这栩栩如生的景象仿佛就在眼前，是庄周梦到了蝴蝶，还是蝴蝶梦到了庄周？我不得而知。

古文趣味多

古代避暑的方法

在没有冰箱、空调和电扇的几千年里,古人运用智慧,创造出了哪些行之有效的避暑方法呢?

古代的老百姓主要靠扇子纳凉,扇子多是用竹编的,古人称之为"摇风",又叫"凉友"。

古代也有用冰祛暑的。在《诗经·七月》中,就有"凿冰冲冲"的诗句,由此可见,储冰度夏的方法由来已久。根据《大清会典》记载,清代紫禁城、德胜门外、正阳门外等地设有专门储藏冰块的官窖总计十八座。冰窖采用埋入地下一点五米的半地下形式,每年三九御河起冰后,由采冰者凿成规定尺寸的方块拉入冰窖,留到来年夏天使用。

古代还有用各种冷饮制品来降暑的。南宋时杭州街头有很多暑汤冷饮,如甘豆汤、椰子酒、姜蜜水、木瓜汁、荔枝膏水等。

清代从康熙皇帝以后,历任皇帝每年夏季都会离开皇宫到颐和园、圆明园或承德避暑山庄去避暑消夏。

智慧修炼场

1.下列句中加点词的意义错误的是(　　)

A.如洪炉铸剑　　　　大

B.茂树千章　　　　　棵

C.栩栩然　　　　　　这样

D.周欤　　　　　　　相当于"呢"

2.你知道哪些描写夏天的诗句呢?试着写出一句。

答案:1.C。 2.例句:仲夏苦夜短,开轩纳微凉。

第五辑 历史烟云

子路问津

《论语·微子》

长沮（cháng jù）、桀溺（jié nì）①耦（ǒu）②而耕。孔子过之，使子路问津③焉。长沮曰："夫（fú）④执舆（yú）⑤者为谁？"子路曰："为孔丘。"曰："是鲁孔丘与（yú）⑥？"曰："是也。"曰："是⑦知津矣！"

字词小贴士

① 长沮、桀溺：都是当时的隐士。
② 耦：两人并耕。
③ 津：渡口。
④ 夫：那个。
⑤ 执舆：驾车。
⑥ 与：同"欤"，相当于"吗"。
⑦ 是：指示代词，此。这里代指孔子。

古文转换站

长沮和桀溺正在一起耕田。孔子从旁边经过，让子路去问渡口在哪里。长沮说："那个驾车的人是谁？"子路说："是孔丘。"长沮说："是鲁国的孔丘吗？"子路说："是的。"长沮说："这个人知道渡口在哪里呀！"

古文趣味多

《论语》

《论语》是记录孔子及其弟子言行的语录文集，由孔子的弟子及再传弟子编写而成，成书于战国前期。全书共20篇，以语录体为主，较为集中地体现了孔子及儒家学派的政治主张、伦理思想、道德观念、教育原则等。其中，"仁"是《论语》的思想核心。孔子开创了私人讲学的风气，相传他有弟子三千，贤弟子七十二人。南宋时朱熹将《论语》与《大学》《中庸》《孟子》合为"四书"，使之在儒家经典中居于极高的地位。

智慧修炼场

1.辨析下列说法的正误,正确的打"√",错误的打"×"

(1)"使子路问津焉"中的"使"是"叫,让"的意思。（   ）

(2)南宋时朱熹将《论语》《大学》《中庸》《老子》合为"四书"。（   ）

(3)《论语》是记录了孔子及其弟子言行的文集,由孔子编写而成。（   ）

2.你能写出两个带"津"的成语吗?

答案:1.(1)√ (2)× (3)× 2.例:无人问津 津津有味 津津乐道

曹刿论战

《左传·庄公十年》

夫（fú）①战，勇气也。一鼓作②气，再③而衰，三而竭④。彼竭我盈⑤，故克⑥之。夫大国，难测⑦也，惧有伏⑧焉。吾视其辙乱，望其旗靡（mǐ）⑨，故逐⑩之。

字词小贴士

① 夫：放在句子开头，表示将发议论，没有实际意义。
② 作：鼓起。
③ 再：第二次。
④ 竭：穷尽。这里指士气枯竭。
⑤ 盈：充满。这里指士气正旺盛。
⑥ 克：战胜。
⑦ 测：推测，估计。
⑧ 伏：埋伏。
⑨ 靡：倒下。
⑩ 逐：追击，追赶。

古文转换站

　　作战，靠的是勇气。第一次击鼓能够鼓起士气，第二次击鼓士兵们的士气就开始低落，第三次击鼓士兵们的士气就枯竭了。他们的士气已经枯竭了而我军的士气正旺盛，所以才战胜了他们。这样的大国，他们的情况是难以推测的，怕他们设有埋伏。我看到他们车轮的痕迹混乱，望见他们的旗帜倒下了，所以下令追击他们。

古文趣味多

古代的国旗、帅旗与将旗

　　古代通信技术不发达，在战场上通信，近距离靠吼，远距离就要靠旗语了。那么古代会不会有人在战场上混淆了旗帜呢？如三国时期，魏国的旗帜上写的是"魏"，而蜀国魏延的旗帜上写的也是"魏"，两面旗帜若同时出现在战场上，难道士兵们不会搞混吗？

　　其实，搞混的状况还是比较少的，因为古代的旗帜也分为好几种。

1.国旗：古代规格最高的旗帜，称为纛（dào）旗，上面写的是国号，如蜀国出征打出来的纛旗是"汉"，而魏国打出来的纛旗是"魏"。一般这种旗帜都在队伍的中间。纛旗是所有旗帜中最大的。

2.帅旗：规格在纛旗之下，旗帜上一般写出征主帅的姓氏，例如诸葛亮带兵出征，旗上就写"诸葛"。这种旗帜一般会跟在主帅的身后，战士们看到显眼的帅旗，就能够迅速地认准主帅的位置。

3.将旗：将旗是跟随主帅出征的将领的旗帜。这种旗帜上一般写将领的姓氏，例如将领是魏延，旗上就会写一个"魏"字。但就算是魏延的将旗和魏国的纛旗上面写的字是一样的，也可以从大小、颜色等方面加以区分。

智慧修炼场

1.成语"一鼓作气"就是出自这段选文，请你说说这个成语的含义。

_____

_____

2.选文记叙的是齐鲁长勺之战，这是历史上后发制人、以少敌多、以弱胜强的著名战役。你还知道中国历史上哪些以少胜多的战役呢？请写出一个。

_____

_____

答案：1.第一次击鼓能够振作士气。比喻趁劲头大的时候鼓起劲头来，一口气把工作做完。 2.例：巨鹿之战、官渡之战、赤壁之战。

第五辑　历史烟云　83

乐不思蜀①

《汉晋春秋》

王问禅（shàn）曰："颇思蜀否？"禅曰："此间乐，不思蜀。"郤（xì）正闻之，求见禅曰："王若①后问，宜②泣而答曰'先人坟墓远在陇（lǒng）、蜀，乃心西悲，无日不思'，因③闭其目。"会④王复问，对如前，王曰："何乃似郤正语邪！"禅惊视曰："诚⑤如尊命。"左右皆笑。

字词小贴士

① 若：如果。
② 宜：应当。
③ 因：于是，就。
④ 会：恰巧。
⑤ 诚：确实。

古文转换站

司马文王问刘禅说："你是否很思念蜀国？"刘禅回答说："在这里很快乐，不思念蜀国。"郤正知道了这事，求见刘禅说："如果王再问起，你应哭泣着回答说'祖先的坟墓都远在陇地、蜀地，于是心向着西面悲伤，没有一天不思念着蜀国'，然后就闭上眼睛。"恰巧司马文王再次问他，刘禅便照着郤正教他的话回答，王说："为何你刚才的话像是郤正的语气呢？"刘禅惊讶地看着他说："的确如您所说的那样。"旁边的人都笑了。

古文趣味多

刘禅名字的由来

刘禅，刘备之子，小名阿斗。据传刘禅之母甘夫人因夜梦仰吞北斗而怀孕，所以刘禅的小名叫"阿斗"。后人常用"阿斗"或"扶不起的阿斗"来形容庸碌无能的人。

与刘禅有关的歇后语

阿斗当皇帝——软弱无能

阿斗的江山——白送

刘备摔阿斗——收买人心

智慧修炼场

1.下列各句中加点字的解释正确吗？正确的打"√"，错误的打"×"。

（1）颇思蜀否　　很，非常　　　　　　　　　（　）
（2）若王后问　　如果　　　　　　　　　　　（　）
（3）会王复问　　宴会上　　　　　　　　　　（　）
（4）诚如遵命　　诚实　　　　　　　　　　　（　）

2.这个故事以"左右皆笑"结尾，你认为他们为什么笑呢？

_____

_____

答案：1.（1）√（2）√（3）×（4）× 2.例：他们笑刘禅的不懂、愚蠢，没有见识，目光短浅，贪图安乐。

扁鹊①见②秦武王

《战国策·秦策》

武王病,医扁鹊见之,武王示③以病,扁鹊请治。左右曰:"君之病,在耳之前,目之下,除之未必已④也,将使耳不聪,目不明。"武王以告扁鹊。扁鹊怒而投其石⑤,曰:"君与知之者谋⑥之,而与不知者败⑦之。使以此⑧知⑨秦国之政也,则一举而亡国矣。"

字词小贴士

① 扁鹊：战国时名医，姓秦，名缓，字越人。
② 见：拜见。
③ 示：给……看。
④ 已：停止。这里指把病完全治好。
⑤ 石：治病用的石针。古人用石头磨成针，用以治疗痈疡，去除脓血。
⑥ 谋：谋划，商量。
⑦ 败：毁坏，败坏。
⑧ 使以此：假使像这样。
⑨ 知：主持，掌管。

古文转换站

武王得了病，医生扁鹊前去拜见他，武王给扁鹊看了他的病情，扁鹊请求给武王治疗。武王身边的大臣说："您的病，在耳朵的前面，眼睛的下面，未必能治好，弄不好会使耳朵听不清，眼睛看不清。"武王把这话告诉了扁鹊。扁鹊生气地把石针一扔，说："您同懂医术的人商量怎么治病，又同不懂医术的人破坏这件事。假使像这样掌管秦国内政的话，那么一下子就亡国了。"

古文趣味多

中国古代的神医

中国古代的神医除了扁鹊，还有华佗、张仲景、孙思邈等。

华佗，字元化，东汉末年著名的医学家。他与董奉、张仲景并称为"建安三神医"。他少时曾在外游学，行医足迹遍及今安徽、河南、山东、江苏等地，一心钻研医术而不求仕途。他医术全面，尤其擅长外科，精于手术。华佗晚年因遭曹操怀疑，下狱被拷问致死。

张仲景，名机，字仲景，东汉末年著名医学家，被后人尊称为"医圣"。他广泛收集医方，写出了传世巨著《伤寒杂病论》，其中确立的辨证论治原则，至今都是中医临床的基本原则，是中医的灵魂所在。

孙思邈，唐代著名医药学家，被后人尊称为"药王"。他从小聪明过人，受到老师的器重，长大后开始爱好老庄学说，隐居终南山，并渐渐获得了很高的声名。

智慧修炼场

1.下列加点的词语意义错误的一项是（　　）

A.君之病，在耳之前　　　的

B.除之未必已也　　　已经

C.君与知之者谋之　　　商量

D.使以此知秦国之政也　　　这样

2.这篇小古文告诉我们什么道理？

_____

_____

伯夷列传

《史记》

子曰："道不同不相为谋。"亦各从①其志也。故曰："富贵如②可求，虽执鞭之士吾亦为之；如不可求，从吾所好（hào）③。""岁④寒，然后知松柏（bǎi）之后凋⑤。"举⑥世混浊，清士⑦乃见。岂⑧以⑨其重若彼，其轻若此哉？

字词小贴士

① 从：依照，依从。
② 如：如果，假如。
③ 好：喜好。
④ 岁：时间。
⑤ 凋：凋谢，凋落。
⑥ 举：全、都。
⑦ 清士：指品行高洁的人。
⑧ 岂：难道。
⑨ 以：因为。

古文转换站

孔子说："道德见解不同是不能共同谋划事情的。"也只能各自依照自己的意愿行事罢了。所以说："富贵如能追求到，即使让我做执鞭的马夫我也去做；如果追求不到，还是按照我的喜好去做吧。""到了寒冷的时节，才知道松柏是最后凋落的。"整个世道都浑浊的时候，品行高洁的人才显现出来。难道是因为他们把道德看得太重，或将富贵看得太轻吗？

古文趣味多

什么是"列传"？

列传一般用以记述各方面代表人物的传记，是记载历史上重要人物的一种体裁。"列传者，谓列叙人臣事迹，令可传于后世。"（《史记索隐》）司马迁撰《史记》时首创，为以后历代纪传体史书所沿用。《史记》中共有七十列传。

智慧修炼场

1. 辨析下列句中加点词语的理解的正误，正确的打"√"，错误的打"×"。

（1）道不同，不相为谋　　谋划　　　　　　（　）

（2）吾亦为之　　　　　　也　　　　　　　（　）

（3）岂以其重若彼　　　　所以　　　　　　（　）

2. "岁寒，然后知松柏之后凋。"你能说说这句话有什么深意吗？

答案：1.（1）√（2）√（3）×　2.例：这句话比喻品性有修养的人经得住考验，经得了折磨，不因环境而改变初心。

唐雎①说②信陵君

《战国策·魏策》

信陵君杀晋鄙，救邯郸（hán dān），破③秦人，存④赵国，赵王自郊迎。

唐雎谓信陵君曰："臣闻之曰，事有不可知者，有不可不知者；有不可忘者，有不可不忘者。"信陵君曰："何谓也？"对曰："人之憎我也，不可不知也；吾憎人也，不可得而知也。人之有德⑤于我也，不可忘也；吾有德于人也，不可不忘也。今君杀晋鄙，救邯郸，破秦人，存赵国，此大德也。今赵王自郊迎，卒（cù）⑥然见赵王，臣愿君之忘之也。"信陵君曰："无忌⑦谨⑧受教⑨。"

字词小贴士

① 唐雎（jū）：战国时期魏国的著名策士。他有胆有识，忠于使命，不畏强权，敢于斗争，敢于为国献身。
② 说（shuì）：游说。
③ 破：打败。
④ 存：使……幸存。
⑤ 德：恩惠。文中指别人对自己好的方面。
⑥ 卒：同"猝"，突然。
⑦ 无忌：即信陵君，本名魏无忌。
⑧ 谨：郑重。
⑨ 受教：接受教诲。

古文转换站

信陵君杀了晋鄙，救下邯郸，打败了秦军，使赵国得以幸存，赵王亲自到郊外去迎接他。

唐雎对信陵君说："我听说，事情有不可以知道的，有不可以不知道的；有不可以忘掉的，有不可以不忘掉的。"信陵君说："这话怎么说呢？"唐雎回答说："别人憎恶我，我不可以不知道；我憎恶别人，是不可以让人知道的。别人对我有恩，我是不可以忘记的；我对别人有恩，是不可以不忘记的。如今你杀了晋鄙，救下邯郸，打败秦军，使赵国幸存，这对赵国是大恩德。现在赵王亲自到郊外迎接您，您很快就会见到赵王了，我希望您把对赵国的恩德忘掉。"信陵君说："我由衷地领受教诲。"

古文趣味多

中国古代著名的说客

1.晏婴。春秋时期齐国大夫，政治家、思想家、外交家。他以政治远见、外交才能和朴素作风闻名诸侯。传说他貌不出众，但足智多谋，刚正不阿，为齐国昌盛立下了汗马功劳。

2.苏秦。战国时期著名的纵横家、外交家和谋略家。与张仪同出自鬼谷子门下，跟随鬼谷子学习纵横之术。他在赵国提出合纵六国以抗秦的战略思想，并最终组建合纵联盟，兼佩六国相印，使秦十五年不敢出函谷关。

3.张仪。战国时期著名的纵横家、外交家和谋略家。首创"连横"的外交策略，游说入秦。秦惠文王封张仪为相，后张仪出使游说各诸侯国，以"横"破"纵"，使各国纷纷由合纵抗秦转变为连横亲秦。

4.毛遂。战国时期赵国人，作为平原君赵胜的门客三年未得崭露锋芒，后自荐出使楚国，促成楚、赵合纵，声威大振，并获得了"三寸之舌，强于百万之师"的美誉。

智慧修炼场

1.下列句中加点词语的意义不正确的一项是（　　）

A.唐雎谓信陵君曰　　　对……说

B.吾有德于人也　　　　恩惠

C.卒然见赵王　　　　　终于

2.读完这篇小古文，你从中得到了怎样的启示？

答案：1.C 2.一个人做了好事不可居功自傲，对人有恩德的事最好不要放在心上。

第六辑 青山绿水

苏堤杂花

《西湖志》

苏公堤,春时晨光初起,宿(sù)雾①未散,杂花生树,飞英②蘸(zhàn)③波,纷披④掩映,如列锦铺绣⑤。览胜⑥者咸谓四时皆宜⑦,而春晓为最。

字词小贴士

① 宿雾：夜雾，指夜晚时生成的雾气。
② 飞英：飞落的花瓣。
③ 蘸：指花瓣在水中沾一下水又浮起的情态。
④ 纷披：杂乱而散落。
⑤ 列锦铺绣：摆列铺展锦绣。
⑥ 胜：美景。
⑦ 宜：合适。

古文转换站

杭州的西湖苏堤，春天里晨光刚亮起，夜间的雾还没有完全消散，树上繁花盛开，飞落的花瓣沾到碧波又被风吹起，纷纷飘飞，相互遮掩映衬，就像铺展锦绣一样。欣赏美景的人都说此地的风景一年四季都好，但在春天的早晨是最美的。

古文趣味多

"西湖十景"

"西湖十景"是指浙江省杭州市著名旅游景点西湖上的十处特色风景。

历史上，杭州曾多次开展"西湖十景"评选活动，每次评选都极大地提高了西湖的知名度、美誉度。南宋时评选出的"西湖十景"，至今已流传了千年。

关于"西湖十景"，最常见的说法是苏堤春晓、曲院风荷、平湖秋月、断桥残雪、柳浪闻莺、花港观鱼、雷峰夕照、双峰插云、南屏晚钟、三潭印月。

苏堤春晓是"西湖十景"之首。苏堤南起南屏山麓，北到栖霞岭下，全长近三公里。最动人心的，莫过于晨曦初露，月沉西山之时，轻风徐徐吹来，柳丝舒卷飘忽，置身堤上，让人沉醉。

智慧修炼场

1.下列对加点词语的解释不正确的一项是（　　）

A.宿雾未散　　　　　　　　消散

B.纷披掩映　　　　　　　　遮掩映衬

C.杂花生树　　　　　　　　破败的花

D.览胜者咸谓四时皆宜　　　全、都

2."苏堤春晓"是西湖美景之一，你知道"苏堤"与谁有关吗？

答案：1.C　2.北宋大文学家苏轼（苏东坡）

答谢中书书

《全梁文》

山川之美，古来共谈。高峰入云，清流见底。两岸石壁，五色交辉①。青林翠竹，四时②俱备。晓雾将歇③，猿鸟乱④鸣；夕日欲颓（tuí）⑤，沉鳞⑥竞跃。实是欲界之仙都⑦。自康乐⑧以来，未复有能与（yù）⑨其奇者。

字词小贴士

① 五色交辉：这里形容石壁色彩斑斓，交相辉映。
② 四时：四季。
③ 歇：消散。
④ 乱：此起彼伏。
⑤ 颓：坠落。
⑥ 沉鳞：水中潜游的鱼。
⑦ 欲界之仙都：指人间仙境。
⑧ 康乐：指南朝宋山水诗人谢灵运，他承袭祖父的爵位，被封为康乐公。
⑨ 与：参与，这里有"欣赏""领略"的意思。

古文转换站

高山河流的美丽，自古以来都是文人雅士共同谈论的。高耸的山峰直入云霄，明净的溪流清澈见底。两岸边的石壁，斑斓的颜色交相辉映。青葱的树木和翠绿的竹林，四季常存。清晨的雾将要消散的时候，猿、鸟此起彼伏地鸣叫；傍晚的夕阳即将要落下的时候，潜游在水中的鱼争相从水中跃起。这实在是人间的仙境。自从康乐公谢灵运以来，不再有能欣赏山川奇妙景色的人了。

古文趣味多

书信在古代的别称

1.书：家书即家信，手书即亲笔信。如《春望》中有"烽火连三月，家书抵万金"句。

2.函：便函即便信，公函即公文信件。

3.札：大札即重要的信，礼札即送礼的信。如《孟冬寒气至》中有"客从远方来，遗我一书札"句。

4.简：书简即书信，小简即便信。

5.笺：便笺即便信，锦笺、华笺即书信的美称。

6.尺牍：即书信，这一别称缘于古代常用一尺长的木简写信。

7.尺素：即书信，古人常用一尺长的白绢写信。

8.鸿雁：典出《汉书》："天子射上林中得雁，足有系帛书，言武等在某泽中。"后来，鸿雁就成了信的代称。

智慧修炼场

1.判断下列加点词语的解释是否正确，正确的打"√"，错误的打"×"。

(1) 四时俱备　　　　全，都　　　　　　(　)

(2) 晓雾将歇　　　　休息　　　　　　　(　)

(3) 未复有能与其奇者　欣赏　　　　　　(　)

2.读了这篇小古文，你能用文中的词句描写下面的情景吗？

(1) 描写山高，可以用＿＿＿＿＿＿。

(2) 描写水清，可以用＿＿＿＿＿＿。

(3) 描写清晨林中的景象，可以用＿＿＿＿＿＿。

(4) 赞叹山川之美，可以用＿＿＿＿＿＿。

答案：1.(1)√ (2)× (3)√　2.(1)高峰入云 (2)清流见底 (3)晓雾将歇 (4)实是欲界之仙都

观 潮

《武林旧事》

浙江①之潮,天下之伟观②也。自既望③以至十八日最盛。方④其远出⑤海门,仅如银线;既而渐近,则玉城雪岭际天⑥而来,大声如雷霆(tíng),震撼激射,吞天沃(wò)日⑦,势极雄豪。杨诚斋诗云"海涌银为郭,江横玉系(jì)腰⑧"者是也。

字词小贴士

① 浙江：即钱塘江。
② 伟观：雄伟的景观。
③ 既望：农历的每月十六日。农历的每月十五日叫"望"。
④ 方：当……时。
⑤ 出：发、起。
⑥ 际天：连接着天。
⑦ 沃日：冲荡太阳，形容波浪大。沃，用水淋洗，冲荡。
⑧ 海涌银为郭，江横玉系腰：这是杨万里《浙江观潮》中的诗句，意思是"海水涌来，像银做的城郭，浙江横流，像白玉的腰带"。

古文转换站

　　钱塘江的潮水，是天下雄伟的景观。从农历八月十六日到十八日是潮水最壮观的时候。当潮水远远地从钱塘江入海口涌起的时候，只是像一条银白色的线；不久潮水越来越近，像玉砌成的城墙和白雪覆盖的山岭一般的潮水连天涌来，声音大得像雷霆，震撼天地，激扬喷射，吞没天空，冲荡太阳，气势极其雄伟豪壮。杨万里诗中说的"海涌银为郭，江横玉系腰"就是指这样的景象。

古文趣味多

古代纪日术语

　　农历每月的某些特殊日子有特定的名称。如每月一日叫"朔"，二日为"既朔"，三日为"哉生明"或"朏（fěi）"，八日为"恒"或"上弦"，十四日为"即望"，十五日为"望"，十六日为"既望"，廿二、廿三日为"下弦"，每月最后一天为

"晦"或"即朔"。

此外，一年中还有一些特定的岁时节日。农历每年的第一天，即正月初一为"元日""元旦"；正月初七为"人日"；正月十五为"上元节"，又称"上元日"，这天晚上叫"元宵"，也叫"元夜"；清明节前一日为"寒食"；五月初五为"端五""端午""端阳"；七月初七晚叫"七夕"；七月十五为"中元日"；八月十五为"中秋日"；九月初九为"重阳日""重九日"；十月十五为"下元日"；十二月初八为"腊日"；一年最后一天叫"岁除"，这一天的晚上叫"除夕"。

智慧修炼场

1.判断下列对句子中加点词语解释的正误，正确的打"√"，错误的打"×"。

　　（1）天下之伟观也　　雄伟的景观　　　　　（　）
　　（2）方其远出海门　　当……时　　　　　　（　）
　　（3）吞天沃日　　　　肥沃　　　　　　　　（　）

2.短文是从哪几个方面描写浙江之潮的？

_____

_____

答案：1.（1）√（2）√（3）× 2.形、色、声、势

峡江寺①飞泉亭记

《小仓山房文集》

登山大半，飞瀑雷震，从空而下。瀑旁有室，即飞泉亭也。纵横②丈余，八窗明净，闭窗瀑闻，开窗瀑至；人可坐，可卧，可箕（jī）踞③，可偃（yǎn）仰④，可放笔砚，可瀹茗（yuè míng）⑤置饮；以人之逸⑥，待水之劳⑦，取九天银河⑧置几席间作玩。当时建此亭者其⑨仙乎！

字词小贴士

① 峡江寺：在今广东省清远市东峡山上。
② 纵横：指长和宽。
③ 箕踞：一种坐的姿势。坐时两脚伸直岔开，形似簸箕。
④ 偃仰：仰卧。
⑤ 瀹茗：烹茶。瀹，煮。
⑥ 逸：安闲、怡乐。
⑦ 劳：辛劳。
⑧ 九天银河：指瀑布。
⑨ 其：表示猜测，相当于"大概"。

古文转换站

登山登了一大半，瀑布像雷鸣一样轰响，从高空飞泻下来。瀑布旁边有间房屋，这就是飞泉亭。亭子长宽有一丈多，八扇窗子明亮洁净，关上窗户能听到瀑布的响声，推开窗子瀑布就扑面而来；亭子里可以坐，可以躺，可以伸开腿脚坐，可以仰卧，可以放笔墨纸砚，可以品茶饮酒；以人的安逸舒适，静待水的奔腾飞泻，就像把九天之上的银河放在书桌卧榻上赏玩。当时造这亭子的人大概是仙人吧！

古文趣味多

袁枚与"性灵说"

"性灵说"是中国古代一种诗歌创作和评论的主张，代表人物是袁枚、赵翼、张问陶，他们并称为"乾嘉性灵派三大家"，以清代袁枚倡导最力。性灵说与神韵说、格调说、肌理说并为清代前期四大诗歌理论派别。人们一般把性灵说当作袁枚的诗论，实际上它是对明代以公安派为代表的"独抒性灵，不拘格套"（袁宏道《叙小修诗》）诗歌理论的继承和发展。

性灵说的核心是强调诗歌创作要直接抒发诗人的心灵，表现真情实感，性灵说认为诗歌的本质是表达感情，是人的感情的自然流露。

智慧修炼场

1.判断下面说法的正误，正确的打"√"，错误的打"×"。

（1）"纵横丈余，八窗明净"中"纵横"是指长和宽，"八窗"是指第八扇窗子。（　）

（2）"以人之逸，待水之劳"中"逸"的意思是"安逸舒适"。（　）

（3）"其仙乎"的意思是"大概是仙人"。（　）

2.文中"取九天银河"出自唐代一位大诗人诗歌中的诗句，你能把诗人的名字和诗名、诗句写出来吗？

_____

_____

答案：（1）× （2）√ （3）√　2.李白　《望庐山瀑布》　飞流直下三千尺，疑是银河落九天。

第36课

泰山观日出记

《新撰国文教科书（初小）》

泰山，我国名山也。名胜古迹，不能尽述。而以登山观峰看日出为最著①。某月日，登泰山，至绝顶。晚宿于南天门之古庙中。次日，天未明，登山观日。时则天地茫茫，东方微白。遥见海天相接处，浮白光一线。忽化为万道金蛇，闪烁不定。而一轮红日，遂②自海中跃出。排云破雾，呈于吾人③之目前矣。日之出于海上也，如沐浴然，故又称为"浴日"云。泰山诸④胜，当别记之。兹⑤不赘（zhuì）⑥。

字词小贴士

① 著：有名。
② 遂：于是，就。
③ 吾人：我们。
④ 诸：众，许多。
⑤ 兹：这，这里。
⑥ 赘：赘述，指多余的叙述。

古文转换站

泰山，是我国的名山。泰山优美的风景和古代遗迹，数不胜数。其中以登上山顶观看日出最为有名。某月某日，我登上泰山，到达泰山顶峰。晚上留宿在南天门的古庙里。第二天，天还没有亮，便登上山顶看日出。当时天地茫茫一片，东方微微露出点白色。远远地看见大海与蓝天相接的地方，浮现出一线白色的光。忽然白光变成万道金色的长蛇，闪烁不定。一轮红日，就从大海中跳了出来。（它）推开云层，突破迷雾，呈现在我们的眼前了。太阳从海面升上来，像沐浴一样，所以又称为"浴日"。泰山许多其他的名胜，应当另外记述。在这里不再多余地叙述了。

古文趣味多

泰山的别称

泰山又称岱山、岱宗、岱岳、东岳、泰岳等，名称之多，实为全国名山之冠。泰山之称最早见于《诗经》，"泰"意为极大、通畅、安宁。泰山突兀地立于华北大平原边上的齐鲁古国，同衡山、恒山、华山、嵩山合称五岳，因地处东部，故称东岳，有"五岳之长"的称号。

智慧修炼场

根据短文，按照顺序补全泰山日出的景色。

东方微白→（　　　　　　）→（　　　　　　　　）→一轮红日，遂自海中跃出

答案：浮日光一线　化为万道金蛇

再游桃花源记

《桃花源志略》

明日①过桃源县,至绿萝山下。诸峰累累,极为瘦削。至白马雪涛②处,上有怪石,登舟皆踞坐③。泊④水溪,与诸人步入花源。至桃花洞口,桃可⑤千余树,夹道如锦幄(wò)⑥,花蕊藉(jí)⑦地寸余。流泉汩(gǔ)汩⑧,溯(sù)源而上,屡陟(zhì)弥高⑨。石为泉水啮(niè)⑩,皆若灵壁。

字词小贴士

① 明日：第二天。
② 白马雪涛：景点名，桃源八景之一。
③ 踞坐：蹲坐。
④ 泊：停泊。
⑤ 可：大约。
⑥ 锦幄：锦制的帷帐。
⑦ 藉：交错杂乱的样子。
⑧ 汩汩：水流声。
⑨ 屡陟弥高：越攀登越高。陟，登高。弥，更加。
⑩ 啮：咬，这里指侵蚀。

古文转换站

  第二天经过桃源县，到了绿萝山下。绿萝山山峰接连不断，高耸陡峭。到了白马雪涛，上面有怪石，众人上船后都蹲坐在船中。船停泊在溪水旁，我和其他人步行进入桃花源。到了桃花源洞口，那里大约有上千棵桃树，道路两边如同锦制的帷帐，地上交错杂乱的花瓣积了几寸高。泉水流淌发出汩汩的声响，沿着水向上寻找源头，越攀登越高。石头被泉水侵蚀，都像峭壁一样。

古文趣味多

古文中"今天""明天""第二天"

  古文中，今天一般说"即日"，现在一般说"今者"，明天一般说"翌日"。而古文中的"明天""旦日"一般指第二天。

世外桃源

东晋陶渊明在《桃花源记》中描述了一个与世隔绝的不遭战祸的安乐而美好的地方。后"桃花源"指不受外界影响的地方或幻想中的美好世界。清代孔尚任在《桃花扇》中写："且喜已到松风阁，这是俺的世外桃源。"

智慧修炼场

1. 下列句中加点词语的解释有错误的一项是（　　）

A. 明日过桃源县　　　　　　第二天

B. 桃可千余树　　　　　　　大约

C. 与诸人步入桃花源　　　　众

D. 石为泉啮　　　　　　　　为了

2. 文中描写桃花源的句子有哪些？请摘录在下面。

_____

_____

答案：1.D　2.桃可千余树，夹道如铺锦，花蕊藉地寸余。

第七辑 美好德行

子罕①弗受玉

《左传·襄公|五年》

宋人或②得玉，献诸③子罕。子罕弗受。献玉者曰："以示玉人④，玉人以为宝也，故敢献之。"子罕曰："我以不贪为⑤宝，尔以玉为宝，若以与我，皆丧宝也，不若人有其宝。"

字词小贴士

① 子罕：又名乐喜，春秋时期宋国国相。
② 或：有人。
③ 诸："之于"的合音。
④ 玉人：雕琢玉器的工匠。
⑤ 以……为：把……当作。

古文转换站

宋国有个人得到一块玉石，将它献给子罕。子罕不肯接受。献玉石的人说："我把这块玉石拿给玉匠看，他认为这是一块宝玉，因此我才敢献给您。"子罕说："我把不贪财的品质当作宝物，你把玉石当作宝物，如果你把宝玉送给了我，我们两人都丧失了宝物，还不如我们各自拥有自己的宝物。"

古文趣味多

古文中的"以为"与"以……为……"

在古文中，"以为""以……为……"经常出现，该怎样区分二者呢？一般来说，"以为"可解释为"认为，认为是"。如本文"玉人以为宝也"，意思是"玉匠认为这是宝玉"。

有时候"以为"也用作"以……为"的省略。"以……为……"的意思就是"把……当作（作为）……"。如本文"我以不贪为宝，尔以玉为宝"，意思是"我把不贪财当作宝贝，你把玉当作宝贝"。

智慧修炼场

1.辨析对下列加点词语的解释的正误，正确的打"√"，错误的打"×"。

（1）子罕弗受　　　不　　　　　　　　（　）
（2）故敢献之　　　故意　　　　　　　　（　）
（3）若以与我　　　如果　　　　　　　　（　）

2.读完本文，你获得了哪些启示呢？

_____

_____

答案：1.(1)√ (2)× (3)√ 2.例(1)：子罕清廉自守，不务铁贼的品质值得学习。例(2)：人应该具有高尚的品德，做人是世界上最宝贵的东西。

顾荣施炙（zhì）①

《世说新语·德行第一》

顾荣在洛阳，尝应人请②，觉③行炙人有欲炙之色，因④辍己⑤施⑥焉⑦，同坐嗤（chī）⑧之。荣曰："岂有终日执之而不知其味者乎？"

后遭乱渡江，每经危急，常有一人左右⑨己，问其所以⑩，乃受炙人也。

字词小贴士

① 炙：烤肉。
② 应人请：赴宴。
③ 觉：发觉。
④ 因：于是。
⑤ 辍己：停下自己的行为。辍，停止，放下。
⑥ 施：给。
⑦ 焉，兼词"于之"，给他。
⑧ 嗤：嘲讽，讥讽。
⑨ 左右：扶持，保护。
⑩ 所以：……的原因。

古文转换站

　　顾荣在洛阳的时候，曾经应人邀请赴宴，发现端烤肉的仆人显露出想吃烤肉的神情，于是就停下吃肉，把自己的肉给了他，同座的人都讥笑他。顾荣说："哪有整天端着烤肉而不知道烤肉味道的人呢？"

　　后来顾荣遇上战乱过江避乱，每逢遇到危急，常常有一个人在身边护卫自己，顾荣问他原因，原来他就是当年接受烤肉的人。

古文趣味多

古文中的"焉"

　　在古文中，"焉"既可以作兼词，也可以作疑问词、语气词等。本文中"辍己施焉"中的"焉"译为"于之"，"于"引出动作的对象，"之"指代端烤肉的仆人；而"夫子言之，于我心有戚戚焉"（《孟子·齐桓晋文之事》）中的"焉"，则为语气词。

滴水之恩，涌泉相报

意思是在困难的时候，即使受人一点小小的恩惠，以后也应当加倍报答。

这　成语最早记载于清代《增广贤文·朱了家训》，原为民间的俗语。与此意思相近的成语有"饮水思源""投桃报李"。

智慧修炼场

1.下面对加点词语的理解有误的一项是（　）

A.尝应人请　　　　曾经

B.因辍己施焉　　　停止

C.同坐嗤之　　　　坐下

D.问其所以　　　　人称代词

2.读完这个故事，你想到了哪句俗语？

_____

_____

答案：1.C　2.滴水之恩，涌泉相报。

杨震暮夜却①金

《后汉书·杨震传》

杨震四迁②荆州刺史、东莱太守。当之③郡（jùn），道经昌邑（yì），故所举④荆州茂才王密为昌邑令，谒（yè）见⑤，至夜怀金十斤以遗（wèi）⑥震。震曰："故人知君，君不知故人，何也？"密曰："暮夜无知者。"震曰："天知，神知，我知，子知。何谓无知！"密愧⑦而出。

字词小贴士

① 却：拒绝。
② 迁：升迁，升官。
③ 之：到，往，这里指上任。
④ 举：举荐，推举。
⑤ 谒见：拜见。
⑥ 遗：赠予，送给。
⑦ 愧：羞愧。

古文转换站

杨震第四次升迁，担任荆州刺史、东莱太守。当他到郡上任，路过昌邑时，过去他曾举荐的荆州秀才王密正做昌邑的县令，夜晚去拜见杨震，怀中揣了十斤金子要送给杨震。杨震说："我了解你，你却不了解我，这是怎么回事呢？"王密说："现在是夜晚，没有人能知道这件事。"杨震说："天知道，神知道，我知道，你知道。怎么能说没人知道呢！"王密羞愧地退出去了。

古文趣味多

《后汉书》

《后汉书》是一部纪传体断代史，由南朝宋时期的历史学家范晔编撰，是"二十四史"之一。全书主要记述了上起东汉时期的汉光武帝建武元年（公元25年），下至汉献帝建安二十五年（公元220年），共195年间的史事，与《史记》《汉书》《三国志》合称"前四史"。

《后汉书》分十纪、八十列传和八志，大部分沿袭《史记》《汉书》的现成体例，但在成书过程中，范晔根据东汉时期历史的具体特点，又有所创新，有所变动。《后汉书》结构严谨，编排有序。如八十列传，大体是按照时代的先后进行排列的。最初的三卷为两汉之际的风云人物，其后的九卷是光武时代的宗室王侯和重要将领。

智慧修炼场

1. 写出加点词语的意思。
   （1）当之郡　　　　　　　　　　　　（　　　　）
   （2）故所举荆州茂才王密为昌邑令　　（　　　　）
   （3）何谓无知　　　　　　　　　　　（　　　　）
2. 读了《杨震暮夜却金》这篇文章，你有什么感想呢？

答案：1.（1）到，往。又作"赴任上任"。（2）其举荐，以前。（3）怎么能说。2.例如：从杨中体会到他做事清正廉洁，一丝不苟地干好自己的职责。我想，我们也应该像他一样，无论什么时候都要廉洁奉公，要求自己。

宋濂①故事一则

《明史·宋濂传》

宋濂尝②与客饮，帝密使人侦视。翌（yì）日，问濂昨饮酒否，坐客为谁，馔（zhuàn）③何物。濂具以实对。笑曰："诚④然，卿不朕（zhèn）欺。"间⑤召问群臣臧否（zāng pǐ）⑥，濂惟举⑦其善者曰："善者与臣友，臣知之；其不善者，不能知也。"

字词小贴士

① 宋濂：字景濂，明初文学家。
② 尝：曾经。
③ 馔：饭菜。
④ 诚：果真，确实。
⑤ 间：秘密地，暗地里。
⑥ 臧否：善恶，好坏。
⑦ 举：推举。

古文转换站

宋濂曾经与客人饮酒，皇帝暗中派人侦探察看。第二天，皇帝问宋濂昨天饮酒没有，座中的来客是谁，饭菜是什么。宋濂全部用事实回答。皇帝笑着说："确实如此，你没有欺骗我。"皇帝秘密地召见宋濂，询问大臣们的好坏，宋濂只举出那些好的大臣，说："好的大臣和我交朋友，所以我了解他们；那些不好的，我没办法了解他们。"

古文趣味多

"卿"与"朕"

"卿"是古代高级官名，如三公九卿、卿相等；也表示对人的敬称，如称荀子为"荀卿"。自唐代开始，君主称臣民为"卿"；有时上级称下级、长辈称晚辈，也称"卿"；朋友之间有时也能称"卿"。

在先秦时代，"朕"是第一人称代词，意为"我"，不分尊卑贵贱，人人都可以自称"朕"。屈原《离骚》中有"朕皇考曰伯庸"句。据司马迁《史记·秦始皇本纪》记载：秦既灭六国，议君主称号，王绾、李斯等议"天子自称曰'朕'"。此后"联"便专为帝王自称。

智慧修炼场

1.辨析下列对中加点词语解释的正误，正确的打"√"，错误的打"×"。

（1）帝密使人侦视　　　　亲密　　　　　　（　）
（2）濂具以实对　　　　　全，都　　　　　　（　）
（3）间召问群臣臧否　　　善恶，好坏　　　　（　）

2.读完这个故事，你认为宋濂是一个怎样的人？

_____

_____

答案：1.（1）×（2）√（3）√　2.诚实、坦率、正直的人。

公仪休拒收鱼

《淮南子·道应训》

公仪休相①鲁而嗜(shì)②鱼。一国献鱼，公仪子弗③受。其弟子谏(jiàn)④曰："夫子嗜鱼，弗受，何也？"答曰："夫唯嗜鱼，故弗受。夫受鱼而免于相，虽嗜鱼，不能自给(jǐ)鱼；毋⑤受鱼而不免于相，则能长自给鱼。"

字词小贴士

① 相：在……做宰相。
② 嗜：非常喜欢，偏好。
③ 弗：不。
④ 谏：劝谏。
⑤ 毋：不要。

古文转换站

公仪休在鲁国做宰相，他很喜欢吃鱼。全国各地的人都送鱼给他，公仪休都不接受。他的弟子劝他说："老师您喜欢吃鱼，但不接受别人送的鱼，为什么呢？"公仪休回答道："正因为我喜欢吃鱼，所以不接受别人送来的鱼。如果我因为收下别人的鱼而被罢免宰相的官职，尽管我喜欢吃鱼，但从此我就不能自己挣来鱼了；如果我不接受别人的鱼，就不会被罢免宰相的官职，我也就能长久地自己得到鱼了。"

古文趣味多

"宰相"的由来

宰相是对中国古代君主之下的最高行政长官的通称或俗称，并非具体官名。"宰"的意思是主宰；"相"本为相礼之人，字义有辅佐之意。太宰与相合称为宰相，宰相联称始见于《韩非子·显学》，最早起源于春秋时期，管仲就是中国历史上第一位杰出的宰相。到了战国时期，宰相的职位在各个诸侯国都建立了起来。宰相官职的具体名称多达几十种，历代各有不同。

智慧修炼场

1. 加点的字在句中表示什么意思？连一连。

①公仪休相鲁而嗜鱼　　　　　A. 鱼

②一国尽争买鱼而献之　　　　B. 吃鱼

③公仪休相鲁而嗜鱼　　　　　C. 宰相

④枉于法，则免于相　　　　　D. 做宰相

2. 公仪休拒收鱼的原因是什么？摘录文中的语句回答。

_____

_____

答案：1.①—B；②—A；③—D；④—C。 2.夫受鱼而免于相，虽嗜鱼，不能自给鱼；毋受鱼而不免于相，则能长自给鱼。

明山宾卖牛

《梁书·明山宾传》

山宾性笃①实,家中尝乏用,货②所乘牛。既③售受钱,乃谓买主曰:"此牛经患漏蹄,治差④已久,恐后脱⑤发,无容不相语。"买主遽(jù)⑥追取钱。处士⑦阮孝绪闻之⑧,叹曰:"此言足使还淳反朴,激薄停浇⑨矣。"

字词小贴士

① 笃：忠诚，厚道。
② 货：卖。
③ 既：已经。
④ 差：病愈。
⑤ 脱：副词，或许，也许。
⑥ 遽：急忙。
⑦ 处士：隐居的人。
⑧ 之：代指这件事。
⑨ 激薄停浇：意思说制止不淳朴、不厚道的坏风气。

古文转换站

明山宾生性淳厚老实，家里曾经因为贫困，卖掉了所乘坐的牛。已经卖了牛收了钱，明山宾于是对买主说："这头牛曾经得过漏蹄病，治好很长时间了，恐怕它以后还会复发，不得不告诉你。"买主急忙要求退钱。隐士阮孝绪听说此事后，感叹说："这话足以让人返璞归真，停止刻薄吝啬的行为了。"

古文趣味多

牛在古代地位有多高？

中国古代是农耕社会，牛不仅能耕田，还可以拉车，而且牛皮、牛角都是重要的军事材料。因此，牛一直是生产力的象征，在古代一直享受着国宝级待遇。早在西周时期，就曾有一条不成文的规定，那就是"诸侯无故不杀牛"。只有等到天子祭天或祭祖时才可以杀牛享用。秦朝时，朝廷对待耕牛更加重视，不仅将全国的耕牛登记在册，更是不定期差遣官兵上门调查。一旦发现牛被虐待，或是没有将牛养好,便会对牛的主人进行严厉处罚。唐朝初期,唐太宗曾向全国宣布:全国人民都不能吃牛肉,胆敢私自盗杀者,将会被判处两年刑罚。北宋律法《宋刑统》中,曾有详细规定:若是敢杀官牛一头,将会被强制收押,服刑一年半;若是敢私杀自家牛,也得服刑一年。直到现代,人们开始成规模地使用机器进行生产,牛的地位才下降,成为普通家畜,但即便如此,牛依旧是人们重要的财产。

> **智慧修炼场**

1.下列对加点词语的解释有误的一项是(　　)
A.货所乘牛　　　　　　卖
B.治差已久　　　　　　差错
C.恐后脱发　　　　　　复发
D.买主遽追取钱　　　　急忙

2.文中说"既售受钱",也就是说牛已经售出而且买主已经付钱了,那为什么买主又急忙要求退钱?(用文中的句子回答)

_____

_____

答案:1.B 2.此牛经觉癫痫,治差已久,恐后脱发。

第八辑 处世智慧

欲速则不达

《论语·子路》

子夏①为莒（jǔ）父宰②，问政③。子曰："无④欲⑤速⑥，无见小利。欲速则不达，见小利则大事不成。"

字词小贴士

① 子夏：孔子弟子，姓卜名商。
② 莒父宰：莒父地方的总管。莒父，鲁国的一个城邑，在今山东省莒县境内。
③ 问政：请教怎样办理政事。
④ 无：同"毋"，不要。
⑤ 欲：喜欢，喜好。
⑥ 速：快，迅速。

古文转换站

子夏做莒父的总管，向孔子请教怎样办理政事。孔子说："不要求快，不要贪求小利。求快就达不到目的，贪求小利就办不成大事。"

古文趣味多

子夏与"西河设教"

子夏（前507—前420），姓卜，名商，春秋时期晋国人，孔子的学生，"孔门十哲"之一，"七十二贤"之一。子夏少时家贫，苦学而入仕，曾做过鲁国太宰。孔子死后，他来到魏国的西河（今山西省河津市）讲学，授徒三百。当时的名流李克、吴起、田子方、李悝（kuī）、段干木、公羊高等都是他的学生，连魏文侯都"问乐于子夏"，尊他为师。这就是有名的"西河设教"。

智慧修炼场

1. 你能用自己的话说说这个句子的意思吗?

欲速则不达,见小利则大事不成。

_____

_____

2. 你从这则短文中悟出了什么道理?

_____

_____

上善①若水

《道德经》

上善若水，水善②利万物而不争，处众人之所恶（wù），故几于道。居善地，心善渊，与善仁，言善信，正③善治，事善能，动善时。夫唯不争，故无尤（yóu）④。

字词小贴士

① 上善：最高的德行。
② 善：擅长，善于。
③ 正：同"政"，为政。
④ 尤：过失。

古文转换站

最高的德行好像水，水善于便利万物而又不与它们相争，处在别人不愿去的地方，所以它近乎是"道"。德行好的人善于选择居处，内心空静深远，与人交往公平友好，说话讲信用，执政的时候最会治理，办事最能干，行动最合时宜。正因为与一切无争，所以没有过失。

古文趣味多

老子名言

（1）知人者智，自知者明。胜人者有力，自胜者强。知足者富。

（2）合抱之木，生于毫末；九层之台，起于累土；千里之行，始于足下。

（3）天下皆知美之为美，斯恶已。皆知善之为善，斯不善已。

（4）天地不仁，以万物为刍（chú）狗；圣人不仁，以百姓为刍狗。

智慧修炼场

1. 这篇小古文中有很多"善"字，它们各是什么意思呢？
（1）上善若水　　　　　　（　　　　　　）
（2）水善利万物而不争　　（　　　　　　）
（3）言善信　　　　　　　（　　　　　　）

2. 老子说，最美好的德行应该像水一样。你认为水有哪些好德行呢？

_____

_____

_____

_____

答案：1.（1）美好的德行（2）顾长，善于（3）顾长，善于 2.例（1）：水滋养着万物，地球离不开水，我们人类需要水，世界上花草树木都需要水。例（2）：水谦虚善良，总是往低处流，总是甘居下位，很谦虚。例（3）：水从不和别人争，有名利我们也不要它的名声，就能避免失误、避免生死烦。例（4）：水值得人信赖，根据的东西不会破坏它使得让水很可信。

第八辑　处世智慧　137

人在年少

《颜氏家训》

人在年少，神情①未定，所与②款狎（xiá）③，熏渍（zì）陶染④，言笑举动，无心于学，潜移暗化，自然似之。何况操履⑤艺能，较明易习者也？是以与善人居，如入芝兰之室，久而自芳也；与恶人居，如入鲍（bào）鱼⑥之肆⑦，久而自臭也。

字词小贴士

① 神情：思想情操。
② 与：结交。
③ 款狎：亲近，亲密。
④ 熏渍陶染：熏陶感染，即受影响。
⑤ 操履：操行，操守。
⑥ 鲍鱼：指咸鱼，气味腥臭。
⑦ 肆：店铺。

古文转换站

　　人在少年时期，精神性情还没有定型，受到所结交的朋友的熏陶感染，言谈举止，即使不是有意向对方学习，也会潜移默化，自然而然地相似起来。何况操行、技能等，都是比较容易学习的东西呢？因此，和品学兼优的人在一起，就好像进入种满香草的屋子，时间长了自己就会变得芳香起来；和坏人在一起，就像进了卖咸鱼的店铺，时间长了自己也会发出腥臭。

古文趣味多

关于"家训"

　　在古代，家族长辈为了管理家族成员，教育子孙后代，就制定家法家训来管理约束族人。经过几千年的发展，家训成为中国传统文化的重要组成部分，对个人修身的提升发挥着重要的作用。家训的内容有多有少，涉及人生的各个方面，如孝顺父母、尊老爱幼、忠君爱国、选择良友、夫妻和睦、勤俭节约、勤学苦练、礼貌待人等。在众多家训中，最为人称道的有《颜氏家训》《朱子治家格言》等，这些训诫对现代人来说依旧有积极意义。

智慧修炼场

1.给下面的字换一个偏旁，写出两个与它近似的字。

（1）狎　（　　）（　　）

（2）渍　（　　）（　　）

（3）鲍　（　　）（　　）

2.你能用现在的语言写出下面这句话的意思吗？

近朱者赤，近墨者黑。

_____

_____

答案：1.（1）例：押 甲　（2）例：啧 帻　（3）例：苞 抱。2.靠近朱砂的变红，靠近墨的变黑。比喻接近好人可以使人变好，接近坏人可以使人变坏。

孟母三迁

《列女传·母仪传》

邹孟轲母,号孟母。其舍（shè）①近墓。孟子之少时,嬉游为墓间之事,踊跃筑埋②。孟母曰:"此非吾所以居处子也。"乃去。舍③市傍,其嬉戏为贾（gǔ）人④炫卖之事。孟母又曰:"此非吾所以居处子也。"复徙（xǐ）舍学宫之傍。其

嬉游乃设俎（zǔ）豆⑤，揖（yī）让进退⑥。孟母曰："真可以居吾子矣。"遂居之。及孟子长，学六艺，卒成大儒之名。君子谓孟母善以渐化。

字词小贴士

① 舍：居所，家。
② 踊跃筑埋：乐于夯土、埋土。
③ 舍：名词作动词，安家。
④ 贾人：商人。
⑤ 俎豆：古代祭祀用的礼器，这里指祭祀仪式。
⑥ 揖让进退：即打躬作揖、进退朝堂等古代宾主相见的礼仪。

古文转换站

邹城人孟轲的母亲，人称孟母。她的家靠近墓地。孟子小时候，游戏玩耍的都是墓地里的事，乐于埋土夯坟。孟母说："这里不是我带着孩子住的地方。"于是搬走。她将家安在集市旁，孟子玩起了商人夸口买卖那一类的事。孟母又说："这里也不是我带着孩子居住的地方。"又将家搬到了学宫的旁边。这时孟子所学玩的，就是祭祀礼仪、作揖逊让、进退法度这类的事了。孟母说："这里才真正是可以让我孩子居住的地方。"于是就一直住在了这里。等到孟子长大成人，学精六艺，终于成就了大儒的名声。后来的君子贤人都说孟母很善于利用环境渐染教化孩子。

古文趣味多

古代的"商"和"贾"

"商贾"是古人对商人的一种称谓。但最初"商"和"贾"是有区别的,有"行商坐贾"的说法。走街串巷贩卖货物的为"商";有固定场所,贩卖货物的为"贾"。后来"商"和"贾"并用,泛指做生意的人。

孟子的"四端说"

"恻隐之心,仁之端也;羞恶之心,义之端也;辞让之心,礼之端也;是非之心,智之端也。"意思是同情心就是施行仁的开始;羞耻心就是施行义的开始;辞让心就是施行礼的开始;是非心就是智的开始。孟子的"四端说"是他性善论的依据,也是孟子所有学说的基础所在。

智慧修炼场

1. 写出下列句中加点字的意思。

(1)乃去,舍市傍   (   )

(2)及孟子长   (   )

2. 请你用简洁的语言概括这则故事的主要内容,然后谈谈这个故事给你的启示。

_____

_____

答案:1.(1)离开,去。 (2)等到。 2.例:这则故事讲了孟母三迁的故事,这个故事告诉了我们环境对一个人的成长至关重要。

塞翁失马

《淮南子·人间训》

近塞上①之人有善术者②，马无故亡③而入胡。人皆吊④之，其父曰："此何遽（jù）⑤不为福乎？"居⑥数月，其马将（jiāng）⑦胡骏马而归。人皆贺之，其父曰："此何遽不能为祸乎？"家富良马，其子好骑，堕（duò）而折其髀⑧（bì）。人皆吊之，其父曰："此何遽不为福乎？"居一年，胡人大入塞，丁壮者引⑨弦而战。近塞之人，死者十九。此独以跛（bǒ）之故，父子相保。

字词小贴士

① 塞上：长城一带。
② 善术者：精通术数的人。术，术数，推测人事吉凶祸福的迷信活动，如看相、占卜等。
③ 亡：逃跑。
④ 吊：对其不幸表示安慰。
⑤ 何遽：怎么就，表示反问。
⑥ 居：经过。
⑦ 将：带领。
⑧ 髀：大腿。
⑨ 引：拉开。

古文转换站

　　靠近边境一带居住的人中有一个精通术数的人，他们家的马无缘无故跑进了胡地。人们都前来安慰他，那个老人说："这怎么就不能是一件好事呢？"过了几个月，那匹马带着胡人的良马回来了。人们都前来祝贺他，那个老人说："这怎么就不能是一件坏事呢？"他家有了很多好马，他的儿子喜欢骑马，结果从马上掉下来摔断了大腿。人们都前来安慰他，那个老人说："这怎么就不能是一件好事呢？"过了一年，胡人大举入侵边境，壮年男子都拿起弓箭去作战。靠近边境的人，十个中有九个都死了。唯独老人的儿子因为腿瘸的缘故免于征战，父子得以保全性命。

> 古文趣味多

徐悲鸿《八骏图》

徐悲鸿以画马见长，集国画的写意风格与西画的严谨结构于一体，画出的马不但有中国画的意境，也有西画的严谨结构关系。其代表作《八骏图》中马的品种分别是蒙古马、哈萨克马、河曲马、云南马、三河马、伊犁马、千里马、汗血宝马，马的名字取《拾遗记》中八骏之名，分别是绝地、翻羽、奔宵、超影、逾辉、超光、腾雾、挟翼。

> 智慧修炼场

1. "塞翁失马"至今已成为成语，常与"＿＿＿＿＿＿"连用。

2. 你从这篇小古文中悟出了什么道理呢？请写出来。

＿＿＿＿＿＿＿＿＿＿＿＿＿＿＿＿＿＿＿＿＿＿＿＿
＿＿＿＿＿＿＿＿＿＿＿＿＿＿＿＿＿＿＿＿＿＿＿＿

答案：1. 焉知非福 2. 例：事情的好与坏会发生变化，在一定条件下，坏事或许是可以转化为好事的。

鲁人徙越

《韩非子·说林上》

鲁人身善织屦(jù)①,妻善织缟②(gǎo),而欲徙于越。或谓之曰:"子必穷矣。"鲁人曰:"何也?"曰:"屦为履③之也,而越人跣(xiǎn)④行;缟为冠之也,而越人披发。以子之所长,游与不用之国,欲使无穷,其可得乎?"

字词小贴士

① 屦：麻鞋。
② 缟：白绢，鲁人用缟做帽子。
③ 履：鞋，这里用作动词，指穿鞋。
④ 跣：赤脚。

古文转换站

鲁国有个人自己擅长编织麻鞋，他的妻子擅长编织白绢，他们想搬到越国去。有人对他说："你搬到越国去必定遇到困境。"鲁国人问："为什么？"这个人说："鞋是用来穿着走路的，但是越国人赤脚走路；白绢是用来做成帽子戴的，但是越国人披散着头发。凭借你们的专长，到用不着你们专长的国家去，要想不穷困，怎么能办得到呢？"

古文趣味多

古文中"或"的用法

1. 有的人，有人。例如："或百步而后止，或五十步而后止。"（孟子《寡人之于国也》）这句话的意思是：有的人跑了一百步然后停下来，有的人跑了五十步然后停下来。

2. 有时。例如："蛟或浮或没，行数十里。"（《世说新语·周处》）这句话的意思是：蛟龙在水里有时浮起，有时沉没，周处与蛟龙一起浮沉了几十里远。

3. 或许，也许。例如："行行失故路，任道或能通。"（陶渊明《饮酒·幽兰生前庭》）这句话的意思是：前行迷失在旧途，顺应自然或许可以通行。

4. 相当于现代汉语"或者"，表示选择。例如："使吾眼睁睁看汝死，或使汝眼睁睁看我死，吾能之乎？"（林觉民《与妻书》）这句话意思是：让我眼睁睁看你死，或者让你眼睁睁看我死，我能够这样做吗？

智慧修炼场

1. 请根据短文，说说下列句中加点字的意思。

（1）而欲徙于越　　（　　　　）

（2）或谓之曰　　　（　　　　）

2. 文中"游与不用之国"，"不用"的原因是什么？请用你自己的话回答。

_____

_____

答案：1.（1）迁徙，搬家（2）对……说。 2.越人的生活习惯是光脚走路，披散头发。

弓与矢

《胡非子》

一人曰:"吾弓良①,无所用矢。"一人曰:"吾矢善②,无所用弓。"羿闻之曰:"非弓,何以③往矢?非矢,何以中的(dì)④?"令合弓矢而教之射。

字词小贴士

① 良：精良。
② 善：很好。
③ 何以：怎么。
④ 的：箭靶的中心。

古文转换站

　　一个人说："我的弓精良，什么箭都不用。"另一个人说："我的箭特好，什么弓都用不着。"后羿听后说："没有弓，你怎么能把箭射出去？没有箭，你又怎么能射中靶子呢？"于是叫他们把弓和箭合在一起，然后教他们射箭。

古文趣味多

杯弓蛇影

　　乐广有个亲密的客人，分别了很久都没有再见到面。
　　一次，乐广见到了他，问是什么缘故。
　　这位客人回答说："上次在您家里做客，承蒙您给我酒喝。我端起杯子正要喝的时候，发现杯子中有一条蛇，心里感到特别不舒服，喝下去后就病倒了。"
　　乐广回忆，当时招待客人的大厅墙壁上挂着一张弓，弓上用漆画了一条彩色的蛇，客人杯中的蛇大约就是这张弓的影子吧！
　　于是，他又在前次招待客人的地方重摆了酒，让客人还坐在他上次坐的地方。然后问客人说："在你的酒杯中又看到了什么东西？"
　　客人端起酒杯看了看，回答说："跟上次一样，酒杯里面有一条蛇。"

乐广就指着墙上的弓告诉了客人真相。客人一下子明白了,治了很长时间都没有治好的病顿时全好了。

> **智慧修炼场**

1.你能说说下列句中加点词的意思吗?试着填在后面的括号里。

(1)非弓何以往矢　　　(　　　)
(2)非矢何以中的　　　(　　　)
(3)令合弓矢　　　　　(　　　)

2.读完这篇小古文,请从某一个角度概括其思想意义。

_____

_____

答案:1.(1)发之 (2)射箭的中心 (3)让、叫 2.例:事物往往是互相配合相辅而不能分开使用的,人也是这样。